世界遺産登録地域

矢筈展望所
一湊
志戸子ガジュマル公園
志戸子
湊川
78
宮之浦
宮之浦城ヶ平城跡
日高神社
宮之浦川
白谷川
594
楠川
楠川
小瀬田
屋久島空港
楠川歩道
白谷雲水峡コース P.40
弥生杉
白谷雲水峡
屋久島町
長峰
縄文杉
苔むす森
愛子岳
太鼓岩
77
ウィルソン株
小杉谷集落跡
縄文杉コース P.38
鹿之沢小屋
永田岳
荒川登山口
宮之浦岳
栗生岳
宮之浦岳コース P.44
太忠岳
安房
黒味岳
592
明星岳展望台
安房港
荒川三叉路
花之江河
石塚小屋
屋久杉自然館
紀元杉
荒川
ヤクスギランド入口
淀川小屋
淀川登山口
ヤクスギランドコース P.42
鯛ノ川
猿川のガジュマル
麦生
モッチョム岳コース P.44
蛇之口滝
尾之間
千尋の滝
湯川
平内
モッチョム岳
千尋の滝 展望台
鈴川
蛇之口滝コース P.44
原
モッチョム岳登山口
77
尾之間温泉
N
0
5km

THE HOTEL YAKUSHIMA OCEAN&FOREST P.75
屋久の宿 たぐち P.87
宮之浦観光案内所 P.126
宮之浦港
一湊珈琲焙煎所
屋久島環境文化村センター P.83
ライフセンターヤクデン P.45
屋久島ふるさと市場 P.85
屋久島観光センター P.85
屋久島シェアホステル
屋久島うみがめ館 P.49
お食事処 潮騒 P.83
益救神社 P.64
民宿八重岳本館 P.87
新月堂菓子店 P.86
丸高水産 P.86
地魚料理 若大将 P.66
宮之浦公民館
上屋久郵便局 P.116
宮の浦大橋
晴耕雨読 P.87
宮浦小学校
恵比寿大黒とし P.84
宮浦小前
宮之浦 城ヶ平城跡
宮之浦川
屋久島町歴史民俗資料館 P.83
Aコープ 宮之浦店 P.45
田代別館 P.86
エバーブルー屋久島 P.49
屋久島総合自然公園 P.83
鉄板お好み焼き こもれび P.84
やまがら屋 P.69
ゆのこのゆ P.52
ロッジ 八重岳山荘 P.74
杉の舎 仙人村 P.62
牛床詣所 P.64
Map④ 安房周辺
観る・遊ぶ
食事処
みやげ物店
宿泊施設
アクティビティ会社
荒川登山口
尾立ダム
松田商店
安房
ガラモスタ P.91
天柱石
荒川三叉路
屋久杉自然館 P.57
【ne-】Plant-based Cafe & Act P.68
屋久島世界遺産センター P.89
紀元杉
くんせい屋 けい水産 P.91
淀川登山口
民宿前岳荘 P.93
ウッドショップ木心里 P.91
麦生
三岳酒造
尾之間
猿川ガジュマル P.89
屋久島草思園 P.92

多様な生命が息づく

雨に包まれた太古の島

屋久島

YAKUSHIMA

島の皆さんからのメッセージ

屋久島へようこそ！

屋久島で暮らし、島を愛する皆さんが、
島の魅力やおすすめの楽しみ方を教えてくれました♪

香り高い杉を
感じてください

樹齢数千年の屋久杉
を削って心癒やされる
箸作り体験をして
みませんか？

宮之浦
P.62
杉の舎 仙人村
中島 政信さん

植物や森の歴史も
案内します

何千回と登っても魅力が
尽きない島の森を
ぜひ体感してください！

安房
P.38
山岳太郎
渡邊 太郎さん

クラフト体験も
やってます

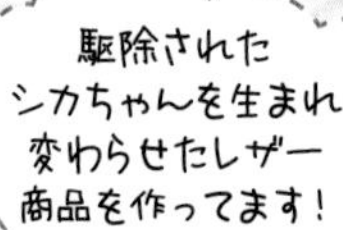

駆除された
シカちゃんを生まれ
変わらせたレザー
商品を作ってます！

宮之浦
P.85
ariga-to
清水 舞さん

トビウオの燻製を
作っています

安房
P.91
くんせい屋 けい水産
田中 啓介さん

屋久島はトビウオ漁獲量
日本イチの名産地！
そのおいしさをぜひ味わって
みてください

屋久島愛あふれる
オリジナルTシャツで
アウトドアを
楽しんでください！

屋久島モチーフの
オリジナル商品

小瀬田
P.86
ル・ガジュマル
松田 みなみさん

希少なヤクシカはもちろん、
島のブランド牛や鹿児島
黒豚を焼肉でどうぞ！

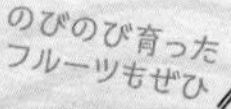

のびのび育った
フルーツもぜひ

都会にはない山と
海のダイナミックな
自然を五感で感じて
くださいね

中間
P.102
ファームパラダイス
中村 馨さん

屋久島犬って
ご存じですか？

ヤクシカは
高タンパク低脂質の
ヘルシーなお肉。
おみやげとしても
人気です♪

宮之浦
P.84
ヒトメクリ
松永 ふうまさん

おなかいっぱい
味わってね

安房
P.67
れんが屋
佐々木 祐輔さん（左上） 湊人さん（左下）
亜美さん（右上） ひなたさん（右下）

"月に35日雨が降る"
といわれるほど
豊富な水に
恵まれています！
名水で仕込んだ
焼酎は
定番みやげ！
安房
P.70
三岳酒造
馬場 一善さん
目の前には滑走路が
広がっています
海が見える絶好の
ロケーションで
のんびりデザート
を楽しんで！
小瀬田
P.69
mori café STAND
田村 麻衣子さん
トビウオのから揚げも
人気です！
伝統食材・サバ節で
とった絶品だしのうどんを
味わってください！
安房
P.90
屋久どん
池田 秀作さん
こだわりセレクトの
おみやげを揃えてます
屋久島は1年中
遊べる島。
お気に入りのシーズンを
見つけてね！
フェリーで
約1時間30分
人口約100人の
火山島・口永良部島。
秘境の天然温泉は
最高です！
港のとと屋
池添 慧さん（右） 晴香さん（左）
口永良部島
P.77
屋久島を感じる
多彩な品を揃えます
小瀬田
P.85
ぷかり堂
荒木 政孝さん（左）
真理さん（右）
ドリンクを
テイクアウトして山や海で
絶景ランチは
いかがですか？
ドリンクスタンドで
お待ちしてます！
安房
P.25
小屋カフェ「日と月と」
川口 明子さん
貴重な森の資源を
生かした屋久島らしい
おみやげをどうぞ！
安房
P.91
YAKUSHIMA BLESS
金田 幸代さん
緑に囲まれて
癒やされてください
屋久島は水の島。
森・川・海で水の
巡りを感じて過ごすのも
おすすめです！
【ne-】Plant-based Cafe & Act
丸山 悟さん（右）
まみさん（左）
うたさん（中）
安房
P.68
気候や方言まで異なる、個性豊かな
屋久島の集落をご案内します！
島のことなら
お任せください
吉田
P.65
屋久島里めぐり
田中 秀志さん（左） 近間 十九二さん（中） 田中 武造さん（右）

澄んだ空気と木のぬくもりを感じて深呼吸、美しき神秘の森へ

島旅×ジブン時間

樹齢数千年を超える屋久杉をはじめ、多彩な動植物が暮らす世界自然遺産の島・屋久島。日常から離れ、大自然の鼓動を五感で感じるひとときを。

気軽に歩けるヤクスギランドには、巨木が立ち並ぶ荘厳な自然景観が広がる

1

Forest

島旅×ジブン時間

生命の神秘に触れる、原始の森

巨木が息づく森へ一歩足を踏み入れれば、苔や植物に彩られた緑一色の世界に。
島でしか見られない貴重な動植物との出会いも待っている。

1. 足元から頭上まで青々とした苔と木々に包まれる白谷雲水峡
2. 餌を求め森のなかを歩いていたヤクシカと目が合う
3. 雨を受けてみずみずしく輝く苔。島には 700 種類近くの苔が生育す
4. 5 月末になると山頂部分に咲き誇る島固有種のヤクシマシャクナゲ
5. 車で通行できる西部林道でヤクザルやヤクシカをあちこちに発見
6. 手が届きそうなほど間近に迫る推定樹齢 3000 年の紀元杉

上／ヤクスギランド内にあるつり橋から眺める絶景
左下／ある地点から見上げるとハート型が見えるウィルソン株
右下／島の南部にそびえるモッチョム岳は急峻な登山道

1

Water

島旅×ジブン時間

豊潤な水が育んだ自然美に出会う

山間部では降水量が年間 1 万 mm 近くにも達する屋久島。
豊かな水の恩恵はいたる所で感じることができ、壮観な自然景観を作り出している。

2

4

6

3

5

1. 雄大な山々に囲まれたエメラルドグリーンの川で SUP 体験
2. 西部林道へと続く島西部の海に浮かぶ巨大な岩・立神岩
3. 干潮前後に現れる平内海中温泉につかりながら大海原を一望
4. 緑に包まれた滝之川の一枚岩でマイナスイオンを浴びる
5. 東シナ海に沈む壮大な夕日を眺める極上のひととき
6. 日本一のウミガメ産卵地・永田浜。ダイビング中に会えることも

左上／夏は海に潜って魚や珊瑚礁を観察しよう
右上／日本でふたつしかない、海に直接水が注ぐトローキの滝
左下／森のあちこちに存在する湧き水は超軟水のまろやかな味
右下／迫力の岩場と荒々しい海が広がる仁田早崎鉱山跡

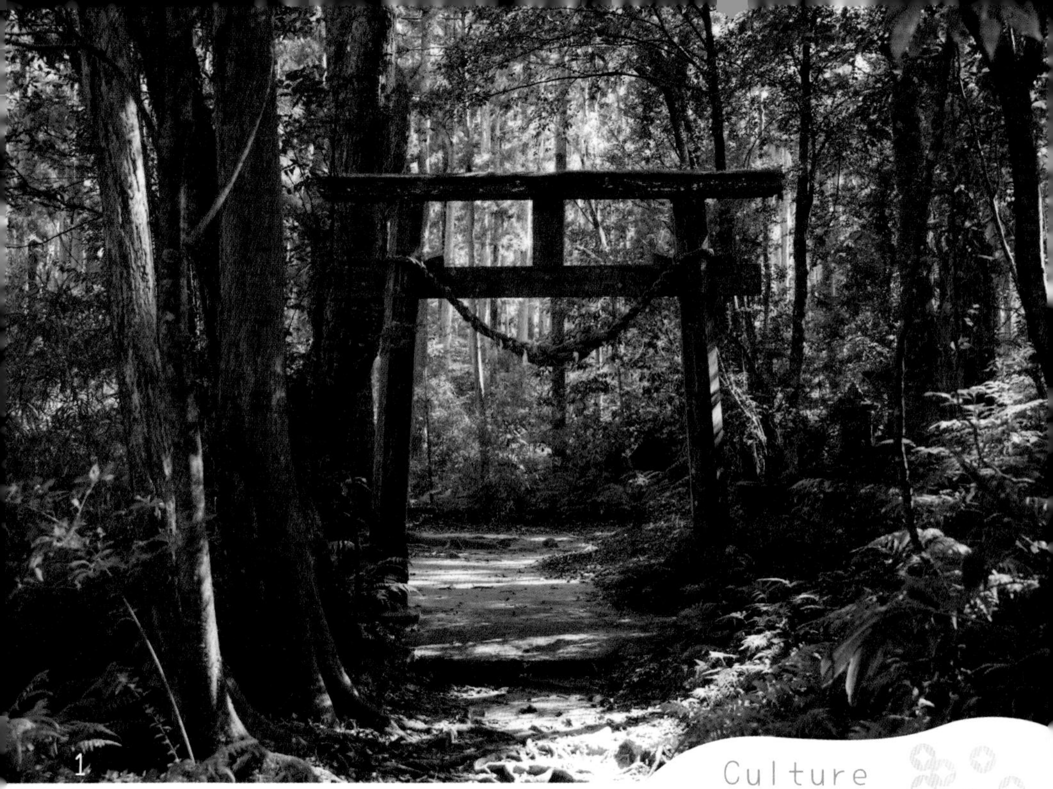
1

Culture

島旅×ジブン時間

伝統を守る里の文化を訪ねて

屋久島の山々は古来神がすむ場所とされ、今なお山岳信仰が残る。
自然と人が共存して作り上げた独自の文化を体験しよう。

2

4

6

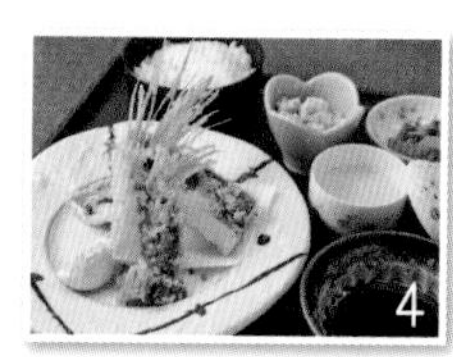

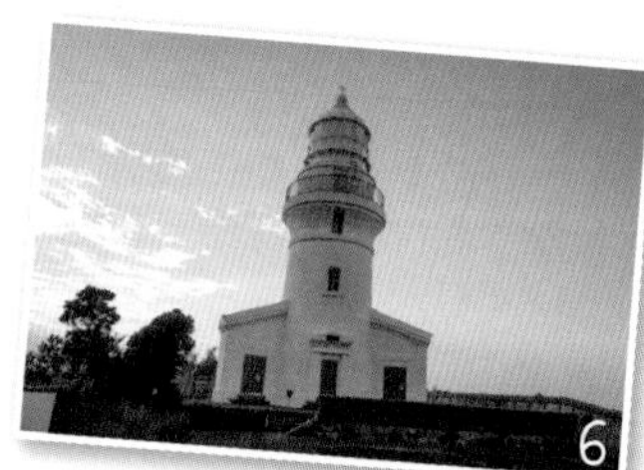

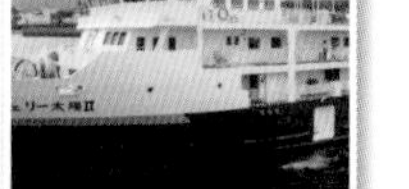

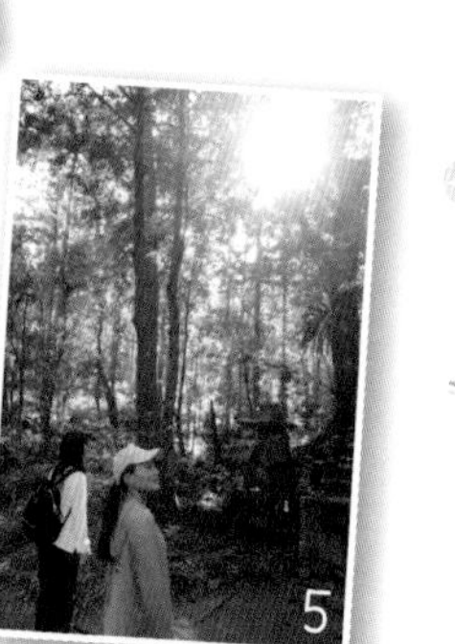

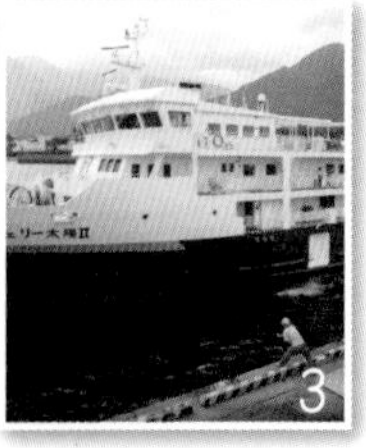
3

5

7

1. 宮之浦の山岳信仰の聖地である牛床詣所は神聖な雰囲気が漂う
2. 町なかでも夜空を見上げると、視界いっぱいの星々が無数に輝く
3. 口永良部島間を結び、人々の生活を支えるフェリー
4. 漁獲量日本一を誇るトビウオは羽までおいしくいただける
5. トレッキングをしなくとも身近な場所に感動の自然が広がる
6. 明治期に建てられた屋久島灯台。白亜の壁が美しい
7. 大走り新茶と呼ばれる日本一早い新茶が取れる

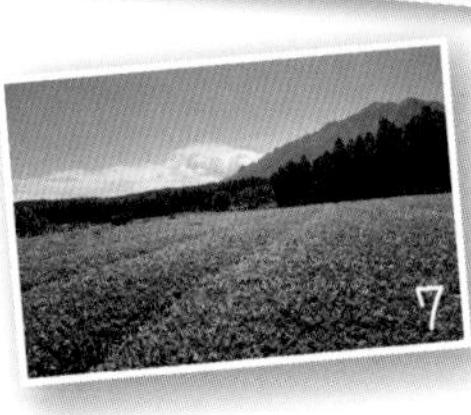

上／伝統行事の岳参りで無病息災を願い山の神に感謝を伝える
左下／宮之浦岳を奥宮とする益救神社にある島の形をかたどった絵馬
右下／各家庭に常備されている焼酎「三岳」は島みやげの定番だ

地球の歩き方
島旅 23

屋久島 YAKUSHIMA
contents

屋久島の歩き方 79
Area Guide

屋久島の深め方 105
More about Yakushima

旅の基本情報 117
Basic Information

本書の見方

使用しているマーク一覧

- 交 交通アクセス
- バス停
- 住 住所
- 電 電話番号
- 時 営業・開館時間
- 所要 所要時間
- 休 定休日
- 料 料金
- 客室数 客室数
- カード クレジットカード
- 駐車場 駐車場
- URL ウェブサイト
- 予約 予約
- Instagramアカウント
- 観る・遊ぶ
- 食べる・飲む
- 買う
- 泊まる
- voice＜ 編集部のひと言

地図のマーク

- 観る・遊ぶ
- R 食事処
- S みやげ物店
- H 宿泊施設
- 神社
- 温泉
- A アクティビティ会社
- 観光案内所

※営業・閉館時間や定休日が変更になる可能性があります。お出かけ前に各施設・店舗にご確認ください。
※本書に掲載されている情報は、2023年10月の取材に基づくものです。正確な情報の掲載に努めておりますが、ご旅行の際には必ず現地で最新情報をご確認ください。また弊社では、掲載情報による損失等の責任を負いかねますのでご了承ください。
※商品・サービスなどの価格は原則として10%の税込価格で表示しています。
※休館日や休業日は年末年始、お盆を省き、基本的に定休日のみを記載しています。
※宿泊料金は特に表示がない場合、1室2名利用時の1名あたりの料金です。また素…素泊まり、朝…朝食付き、朝夕…朝夕食付きを意味します。

古くから森と人が共存する世界自然遺産の島

ひと目でわかる屋久島

九州本島の最南端・佐多岬から南南西へ約60kmの位置にある屋久島。1800m級の山々がそびえることから「洋上アルプス」とも呼ばれる。多様な動植物が息づく悠久の森へ出かけよう。

P.94

永田(ながた)〜一湊(いっそう)〜志戸子(しとご)

北西部〜北部付近のエリア。永田にはウミガメ産卵地の海岸があり一湊はダイビングスポットとしても有名。

島で〜た

● 屋久島
面積 504.88km²
最高標高 1936m
人口 1万1486人（2024年）

● 口永良部島
面積 38.04km²
最高標高 657m
人口 104人（2024年）

屋久島からしか行けない

口永良部島(くちのえらぶじま)

屋久島からフェリーで1時間30分の場所にある、人口約100人の火山島。手つかずの大自然が残り、良質な温泉は1年中楽しめる。

寝待の立神

巨石のパワーを感じられる、口永良部島の海にそびえ立つ迫力の大岩。口永良部は絶景スポットが多数。

島へのアクセス

鹿児島から直行便

飛行機の場合は鹿児島空港から屋久島空港へ。伊丹・福岡からも直行便が出ている。(→P.122)。

フェリー・高速船も

高速船は鹿児島港から最短1時間50分でアクセス可。フェリーは深夜便を含む2種類(→P.123)。

P.101

平内(ひらうち)〜栗生(くりお)

南部付近〜南西部の集落で、栗生以降は人が住まない西部林道エリア。平内・湯泊では海中温泉が人気だ。

気になる ベーシック インフォメーションQ&A

Q 何泊あれば満喫できる?

A 縄文杉なら最低2泊3日

縄文杉を訪れる場合、出発は早朝4時頃で下山は夕方頃になるため当日の入島・帰島は難しい。トレッキングを旅程に入れる際は体力や翌日の体調なども考え、余裕をもったスケジュールで楽しんで。

Q どんな宿泊施設がある?

A 民宿からホテルまで多彩

宿泊施設は特に宮之浦と安房に集中しており予算や旅のプランに合わせて選べる。特にシーズン中はすぐに満室になってしまうため、宿選びは早めに済ませておこう。

Q 予算はどれくらい必要?

A 2泊3日で10万円が目安

シーズンや宿により大きく異なるが、羽田空港から屋久島までは往復5万円前後で、朝夕付きの宿は1泊8000円ほど。平均で約1万3000円の縄文杉ツアーや登山レンタル代、レンタカー代なども加味しよう。

Q ベストシーズンはいつ?

A 1年中魅力いっぱい

縄文杉登山は3〜11月がオンシーズンだが、冬でも積雪さえ注意すれば楽しめる森や山は多い。夏場は沢遊びや海水浴に適した季節。西部林道ドライブや温泉、滝巡りは1年中ウエルカム。

西部林道

唯一車で行ける世界遺産登録地域。海岸〜山頂までさまざまな植物が生息し、ヤクシカやヤクザルにも会える。

はるかな年月を生きる
屋久杉の森へ

屋久島（やくしま）

周囲約130kmのほぼ円形の島で、車を使い約3時間でぐるりと一周できる。樹齢数千年に及ぶ老大木・屋久杉は世界的にも貴重な存在。

P.82

宮之浦（みやのうら）・小瀬田（こせだ）周辺

高速船とフェリー乗り場がある宮之浦は宿や飲食店が充実。空港を擁する小瀬田周辺は宮之浦と安房、各方面まで車で15分と便利。

P.88

安房（あんぼう）周辺

高速船が発着する安房港はトビウオ漁獲量日本一の港。縄文杉登山への入口でもあり、宿・飲食店ともに多く点在。

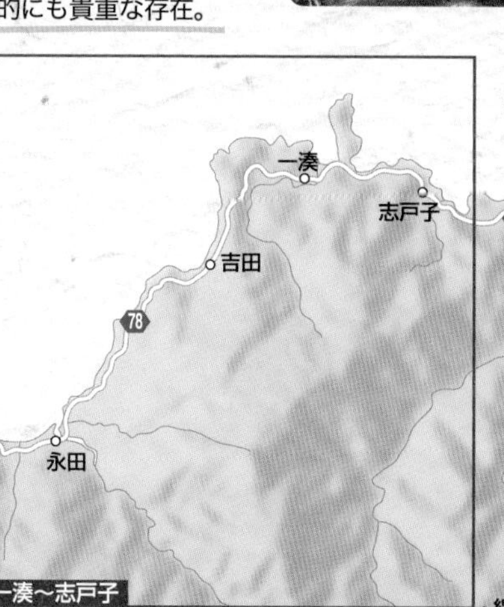
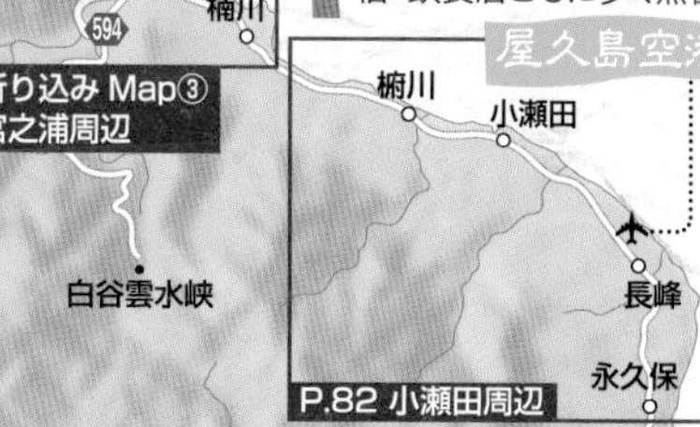

樹齢2000〜7200年ともいわれる島最大の屋久杉を目指し、トレッキングへ出かけよう。

P.97

麦生（むぎお）・原（はら）・尾之間（おのあいだ）周辺

島南部に位置するため季節風の影響を受けず、島で最も温暖なエリア。タンカン・ポンカンなどの果樹栽培も盛ん。

さて、屋久島にはいつ行きましょうか？ 季節ごとの過ごし方をチェック！

屋久島の島ごよみ

平均気温 & 降水量

※参考資料　気象庁ホームページ www.jma.go.jp/jma/index.html
※気象庁鹿児島地方気象台屋久島観測所における 1991 ～ 2020 年の平均値
※海水温：気象庁による種子島・屋久島沿岸域の 2019 ～ 2023 年の最低値と最高値

	1月	2月	3月	4月	5月
屋久島 最高気温（℃）	14.7	15.5	18.0	21.4	24.5
屋久島 平均気温（℃）	11.8	12.3	14.6	17.8	21.0
屋久島 最低気温（℃）	8.9	9.2	11.3	14.2	17.5
屋久島 降水量（mm）	294.6	289.2	387	405.5	444.1
日の出 / 日の入り 平均	7:13 / 17:27	7:08 / 17:53	6:43 / 18:15	6:06 / 18:36	5:34 / 18:54
海水温	19 ～ 22℃	19 ～ 21℃	19 ～ 22℃	21 ～ 23℃	22 ～ 25℃

凡例：屋久島 平均気温（℃） 最高気温（℃） 最低気温（℃） 降水量（mm）／東京 平均気温（℃） 降水量（mm）

シーズンガイド

オフシーズン

梅雨

冬 12~2月　高地と麓の気温差に注意！
降雪時にはトレッキングツアーなども中止になる可能性が。そのときは軽い散歩や温泉、グルメを楽しもう。

春 3~5月　GWの計画はお早めに！
新緑が芽吹く3月、山桜が咲き誇る4月、過ごしやすい気温が続く5月といいことづくめの春は、トレッキングシーズンがスタートする。

お祭り・イベント

※詳しくはP.110 へ

鬼火焚き
大やぐらの上につるした鬼の絵を目がけて石や矢を放ち、病気や災いをもたらす鬼を追い払って厄を祓う。燃え残った木の枝は各家庭に持ち帰り、魔よけとして玄関先に飾られる。

岳参り
山岳信仰の重要な行事。集落ごとに山を登り、山の神に人々の健康と繁栄を願う。秋に実施する集落も多い。

宮之浦春祭り
宮之浦地区の益救神社（→ P.64）で行われる伝統の春祭り。神輿が町を練り歩き、特設ステージでは趣向を凝らした演芸で盛り上がる。

見どころ・旬のネタ

※詳しくはP.121 へ

タンカン

ポンカン

トビウオ

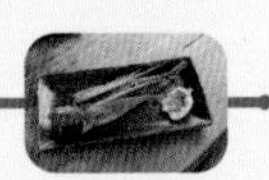

首折れサバ

大名竹

ウミガメ観察

縄文杉トレッキングシーズン

ヤクシ

南の島とはいえしっかり四季のある屋久島。春夏秋冬、いつ訪れても楽しませてくれる。トレッキングなら春・夏・秋、マリンアクティビティは夏がベストシーズン。GW や春休み、夏休みの時期は混雑が続くので早めの計画がベターだ。

	6月	7月	8月	9月	10月	11月	12月
	26.9	30.5	30.9	28.9	25.2	21.2	16.8
	23.7	27.0	27.5	25.7	22.2	18.2	13.9
	21.0	23.9	24.6	22.8	19.4	15.2	11.0
(mm)	860.3	362.4	256.5	450.7	309.9	309.6	281.8
	5:15 / 19:14	5:18 / 19:23	5:35 / 19:12	5:53 / 18:41	6:10 / 18:03	6:31 / 17:30	6:55 / 17:16
	24 ～ 27℃	26 ～ 29℃	28 ～ 31℃	27 ～ 29℃	24 ～ 28℃	23 ～ 25℃	21 ～ 24℃

(mm) 500 / 400 / 300 / 200 / 100 / 0

オンシーズン　オフシーズン

台風シーズン

夏 6～8月

8月は台風が来ることも

7月の前半頃までは梅雨が明けず雨が多いが、以降は一気に夏の日差しが降りそそぐ。暑さ、日焼け対策と水分・塩分補給の準備をしよう。

秋 9～11月

9月までは海も川も入れる

9月の後半から徐々に気温は下がり、11月の後半には寒さを感じるように。暑さが和らぎ、春と並んでトレッキングにもおすすめの季節だ。

六月灯

神仏に夜通し灯を奉じる鹿児島地方伝統の祭り。毎年島内の寺社を中心に開催される。

一湊浜まつり

漁港で行われる夏祭り。神事や子供たちによる餅まき、船団パレードなどが行われ、全国では珍しいサバのつかみ取りも楽しめる。

十五夜祭

仲秋の名月と共に「上唄」をささげて大蛇のように巻いた大綱を伸ばす。終了後には集落総当たりの相撲も行うのが習わし。

屋久島ご神山まつり

山岳信仰の伝統・文化を継承する宮之浦の夏祭り。踊り連のパレードや花火などが行われる。

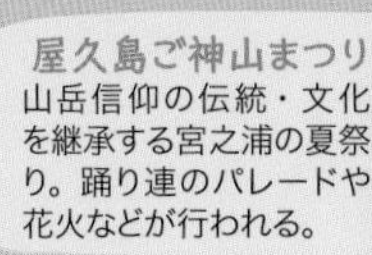

屋久島夢祭り

10 年続く音楽祭。電力を抑え、無数のキャンドルがステージを照らす情景は幻想的。

パッションフルーツ

ポンカン

海水浴シーズン

首折れサバ

5月～7月

3月～11月

5 月～ 6 月

海・山・川すべてに恵まれた世界自然遺産の島

屋久島をもっとよく知る Keyword

東京と台湾のほぼ真ん中に浮かび、九州屈指の高山を擁する屋久島は、特異な気候や豊かな植生によって独自の景観を生み出している。里、山、川、海と魅力の詰まったこの島を満喫しよう。

世界自然遺産
World Natural Heritage

島全体の約20%が世界遺産に

1993年に日本初のユネスコ世界自然遺産に登録された屋久島。固有植物である杉のすぐれた生育地であること、各地で急激に失われている照葉樹林が原生状態であること、垂直分布として多様に変化する植生などが評価された。

屋久杉
Yakusugi

古くから人々の暮らしを支えてきた

樹齢1000年以上の杉を屋久杉と呼ぶ。色の濃さ、香りの強さが特徴で、通常の杉の6倍以上の樹脂を含む。そのため腐りにくく、虫にも強いことが利点だ。ゆっくりと成長するため、年輪が細かく独特の模様を楽しめる。

ヤクシカ・ヤクザル
Yakushima Deer & Yakushima Monkey

島の生い立ちに影響を受けた固有種

海峡などに隔離されている島では、交配が限定され遺伝子も固定される傾向がある。屋久島にも固有種は多く、なかでもニホンジカの亜種であるヤクシカとニホンザルの亜種であるヤクザルは島を代表する固有種だ。

洋上アルプス
The Alps of the Sea

南日本では珍しい高山に出会える

中央部にそびえる九州最高峰の宮之浦岳など、1800 mを超える高峰が連なる屋久島は「洋上アルプス」と呼ばれる。標高の低い沿岸部の亜熱帯から山頂部の冷温帯まで、多様な気候分布と植生をみせている。

雨が杉を育て川や滝となる

「ひと月に35日雨が降る」といわれている屋久島。海上に孤立した島であること、黒潮から湿った空気が山の斜面で多くの雲を生むことが島に多量の恵みの雨をもたらし、自然と人の暮らしを支えている。

水の島
Water Island

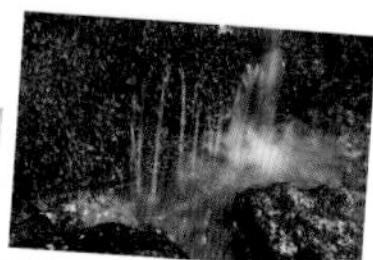

日本有数のウミガメ産卵地

5〜7月の産卵期には多くの母ウミガメが上陸する。島北西部にある永田浜は、アカウミガメが北太平洋で最も高密度で産卵する貴重な場所として、ラムサール条約湿地に登録された。

ウミガメ
Sea Turtle

トレッキング
Trekking

お好みのコースを見つけたい

ほとんどの観光客が挑戦しているトレッキングは旅のメインイベントになるだろう。島のシンボル・縄文杉を拝めるコースや、30～210分までの5コースが揃うヤクスギランドなど、体力や予定に合わせてコースを選んでみよう。

打ち付ける水しぶきに圧倒

島では多量の雨が山を削り多くの滝を形成している。島内最大規模を誇る「大川の滝」や壮大なV字の渓谷を望める「千尋の滝」、海に直接流れることが珍しい「トローキの滝」など滝巡りが楽しめるのも島の魅力だ。

滝
Waterfall

温泉
Hot Spring

海×温泉で心身を癒やす

島内各所に天然温泉があり、干潮の前後数時間しか入浴できない「平内海中温泉」と海辺の「湯泊温泉」では絶景も満喫できる。

トビウオ
Flying Fish

筋肉量の多い引き締まった白身魚

南東部にある安房港は、トビウオの漁獲量が日本一。黒潮にのってやってくるトビウオは年間を通して水揚げされる。島では豪快に油で揚げる姿揚げや、すり身を揚げて作られる「つけ揚げ」が親しまれている。

貴重な杉を使った伝統の逸品

屋久杉の伐採は禁止されているため、切り株や倒れてしまった杉を使用して作られている。箸やアクセサリー、ぐいのみ、皿、テーブルなどバラエティ豊かな品々が作られ、鹿児島県の伝統的工芸品に指定されている。

屋久杉工芸品
Yakusugi Crafts

岳参り
Takemairi

山岳信仰が生んだ一大行事

集落ごとに定められた山を登り、山の神々に集落の繁栄と健康を願う。戦後から高度経済成長期にかけて伝承が途絶えた集落もあったが、近年復活を遂げている。

フルーツ
Fruits

大正～昭和にかけ発達した果樹園

中国や台湾から導入されたポンカンやタンカンが栽培され、島の特産品となっている。そのままはもちろん、ケーキやクッキーなどの焼菓子にも加工され、おみやげとして人気を博している。

旅の思い出になる 食材&工芸品

とっておき 島みやげ

豊かな自然に育まれた屋久島には海や山の幸から、屋久杉をはじめとした雑貨類まで多彩な品揃え。自分用にも買っていきたいものばかり！

屋久島氷菓

（たんかん／グアバ／うみしお／安納芋）

４種の島の味がお持ち帰りできるひんやりスイーツ。フレーバーが描かれたパッケージのイラストもかわいらしい。Ⓐ

島の恵みが詰まったおみやげ

フルーツ&スイーツ

島のフルーツを使った新定番のスイーツから地元民に愛される郷土菓子まで、幅広くチェック！

屋久島フルーツバター

（たんかん／パッションフルーツ）

甘い完熟フルーツを使用した濃厚なフルーツバター。パンにつけたりドリンクに混ぜても◎ Ⓒ

たんかんジュース パッションフルーツジュース

島で取れたタンカンとポンカンをフレッシュなジュースに。ひと口飲むとさわやかな香りと甘酸っぱい果実が広がる。Ⓑ

南国ショコラーノ

濃厚なショコラとタンカンがコラボしたさわやかなおいしさ。タンカンの房をかたどった形にも注目！Ⓒ

たんかんボーロ

余計な素材は使わずにシンプルな材料で作られたボーロ。タンカンの香り広がる素朴な味わいがクセになる。Ⓓ

980円（6個入り）

フィナンシェ ヤクシマーノ

無添加製造のふんわりフィナンシェ。お茶、安納芋、タンカンなど島素材を使ったアソートタイプはやくしま果鈴で限定販売。Ⓒ

594円

かからだんご

山に生えるサツマサンキライの葉で包まれたよもぎ団子。冷凍状態のため山頂に着くころにはよい具合に。Ⓔ

よもぎかん

よもぎを砂糖や水と合わせて蒸し上げた一湊集落に伝わる郷土菓子。Ⓓ

島のフルーツをお持ち帰り

ドラゴンフルーツ

鮮やかなピンク色が特徴でふたつに割ってスプーンなどで食べられる。Ⓑ

グアバ

ジューシーで甘酸っぱい味わいが特徴。葉は茶葉などに加工される。Ⓑ

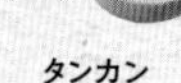

タンカン

収穫量の８割は鹿児島県で、酸味の少ない濃厚な甘さが楽しめる。Ⓑ

トビウオ&サバを使ったおみやげが豊富！

海の幸

伝統食材のサバ節や漁獲高日本一を誇るトビウオは屋久島らしさたっぷり。

サバ本枯節

サバの風味が生きた絶品だしが取れる削り節。長い時間をかけて醸成された味わい。Ⓕ

サバ節

黒潮で取れたサバを燻製した島の伝統食材。スライスして島らっきょうやタマネギとあえておつまみ風に。Ⓕ

各778円

トビウオくんせい

（プレーン／ハーブ味）

新鮮なトビウオを使い香り高い燻製に仕上げた一品。やわらかな食感が特徴。Ⓖ

屋久島島味アヒージョ

（さばぶし）

サバ節が入ったアヒージョ。幅広い料理に使え、風味豊かな味わいが楽しめる。Ⓐ

屋久島 永田の塩 えん

屋久島の海水を汲み上げ、じっくりと薪で炊き上げたまろやかな味わいの塩。Ⓐ

屋久島の清らかな水が生きた味

お酒&ドリンク

屋久島の水で仕込まれた焼酎は格別の味。茶葉もバラエティ豊富に揃う。

1220円 (900ml)

1663円 (720ml)

三岳

宮之浦岳・永田岳・黒味岳の三山に由来し、清らかな水で仕込まれた飲み口のよいマイルドな味わい。Ⓗ

※店により価格が異なる

水ノ森

伝統的な甕壺仕込みで造られた焼酎で、コクとうま味をもち合わせたフルーティな味わいが好評。Ⓘ

700円

YAKUSHIMA CEDAR

島唯一のビール醸造所（→ P.84 欄外）で作られたクラフトビール。島の果実やスパイスを使ったフレーバーも楽しめる。

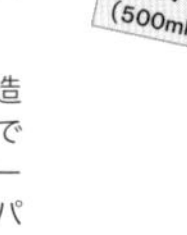

140円 (500ml)

150円 (500ml)

屋久島縄文水（左）益救之水（右）

超軟水と呼ばれる屋久島の水は独特のまろやかさ。益救神社（→ P.64）で祈祷を受けたありがたいお水も。Ⓗ

各486円（2g×5）

オーガニックほうじ茶、紅茶、緑茶

無農薬にこだわって栽培された茶葉を使用しており、ティーバッグで使いやすい。Ⓙ

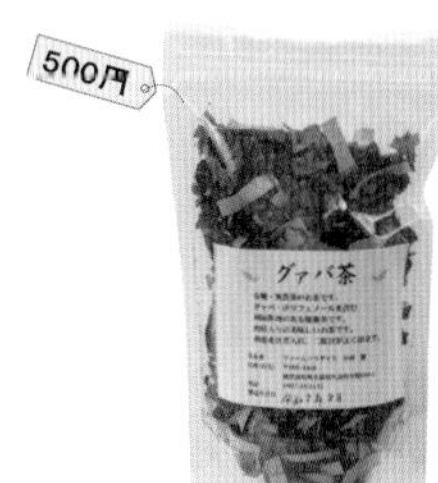

500円

グアバ茶

完全無農薬で育てたグアバの葉を乾燥させ茶葉に。血糖値の上昇を抑え、糖尿病の予防や改善に効果があるとされる。Ⓛ

各1396円

屋久の紅茶とシナモン、紅茶とたんかん

島で収穫したシナモンやタンカンと有機栽培の茶葉を掛け合わせたフレーバーティー。Ⓚ

職人が作るこだわりの工芸品

雑貨

屋久杉をはじめ島の自然を生かした雑貨類はおみやげ用に気軽に購入できる。

各1550円

3850円

屋久杉と屋久鹿レザー ブックマーク、キーホルダー、キーリング

駆除されたシカの皮を生まれ変わらせレザー商品に。色合いも美しく、屋久杉のぬくもりも感じられる。Ⓜ

4800円

木の芽一輪挿し

切り株から花が顔を出したかのような、木のあたたかさが感じられる小さな一輪挿し。Ⓟ

4950円

屋久杉箸

樹齢千年を超える屋久杉を使用した箸はすべて一点もの。箸の上部には年輪が刻まれ、使うほどに手になじむ。Ⓝ

3300円

屋久杉の石鹸

屋久杉の蒸留水を使用した石鹸で、きめの細かい泡が肌にじんわりと浸透し、使うほどにしっとりとした肌に。Ⓞ

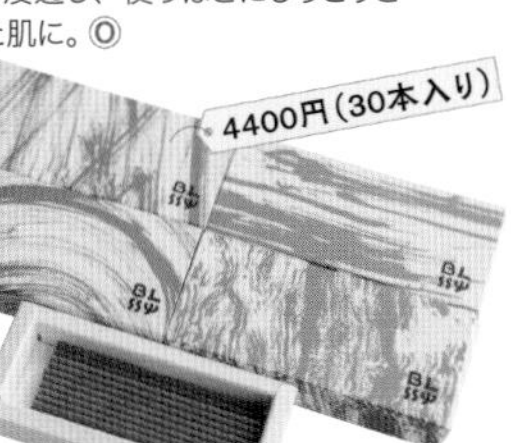

4400円（30本入り）

屋久杉のお香「ユグドラシル」

まるでさわやかな屋久島の森を歩いているかのような香りが広がり、自宅にいながら島の空気を感じられる。Ⓞ

ここで買えます！

	店名	ページ
Ⓐ	ぷかり堂	P.85
Ⓑ	ぽんたん館	P.99
Ⓒ	やくしま果鈴	P.99
Ⓓ	平海製菓	P.96
Ⓔ	新月堂菓子店	P.86
Ⓕ	丸勝水産	P.96
Ⓖ	くんせい屋 けい水産	P.91
Ⓗ	愛子マート	P.86
Ⓘ	本坊酒造 屋久島伝承蔵	P.71
Ⓙ	八万寿茶園	P.73
Ⓚ	白川茶園	P.73
Ⓛ	ファームパラダイス	P.102
Ⓜ	ariga-to	P.85
Ⓝ	杉匠	P.91
Ⓞ	YAKUSHIMA BLESS	P.91
Ⓟ	ウッドショップ木心里	P.91

大自然の恵みがたっぷり！

今すぐ食べたい

島グルメ

世界遺産・屋久島で自然の恵みを受けて育った食材は、お肉から野菜、魚までどれも絶品づくし。デザートまで余すことなく味わって！

上品で濃厚なうま味

ヤクシカ料理は外せない

ガッツリ 肉料理

ヤクシカは昔から猟師の間で「千草」と呼ばれていたほど豊富な栄養を含む。屋久島の自然でのびのびと育ったお肉を心ゆくまで堪能しよう。

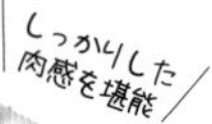

しっかりした肉感を堪能

こだわりお肉 ステーキ

屋久島産黒毛和牛のステーキ 3000円～

屋久島の豊かな緑と水のなかで育った黒毛和牛は、脂肪が少なく軟らかな食感。肉のうま味が感じられる塩でシンプルにいただこう。

散歩亭→ P.67

屋久鹿のひと口ステーキ定食 2000円

屋久島の固有種ヤクシカは一般的な鹿と比べてクセが少なく、肉本来の味が際立つ。塩コショウで味つけしたお肉は食べ応え抜群！

ヒトメクリ→ P.84

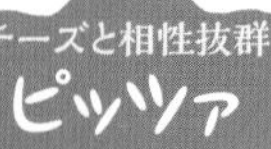

チーズと相性抜群 ピッツァ

ヴェナスンのピッツァ 1900円

ヤクシカとイタリア産のチーズが散りばめられたピッツァはほかでは味わえない一品。ふっくらしたピッツァ生地と一緒に楽しんで。

イルマーレ→ P.67

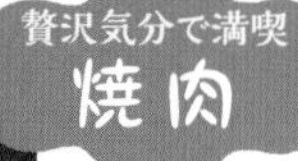

贅沢気分で満喫 焼肉

縄文牛 3300円

島名産の柑橘類や焼酎の搾りかすなどの副産物を飼料として与えたブランド牛。上品な甘さが感じられる脂でさっぱり軟らか。

れんが屋→ P.67

ヤクシカフィレ、ハツ 時価

島内でもなかなか食べられないヤクシカのフィレとハツ。ミディアムレアに焼いていただこう。希少ゆえ仕入れのない日もあるため確認を。

れんが屋→ P.67

子供も喜ぶ 丼

炙りとりめし 850円

炭火で香ばしく炙った鶏のもも肉がたっぷりのった丼。特製の甘辛いたれと絡み、ご飯が進む味。

れんが屋→ P.67

魚種の多さは日本随一

旬を堪能 魚料理

さまざまな種類の魚が生息する屋久島のなかでも、トビウオは漁獲量日本一。鮮度を保つために血抜きされた首折れサバも必食だ。

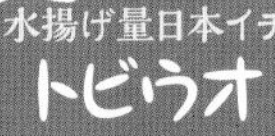

水揚げ量日本イチ トビウオ

飛唐うどんセット

1600 円

うどんは鰹節と島名産のサバ節で取った味わい深いだしが決め手。羽まで丸ごと揚げたトビウオのから揚げはインパクト抜群！

●屋久どん→ P.90

トビウオひつまぶし 1450 円

甘辛たれで味つけされたトビウオはまずはそのままで。薬味を付けて食べたあと、シメはトビウオが原料の絶品あごだしをかけていただこう。

●定食・ぱすた かたぎりさん→ P.90

トビウオから揚げ定食

1500 円

食べやすくカットしたトビウオのから揚げは、淡泊ながら上品なうま味を感じる。羽はパリパリの食感が楽しい！

●お食事処 潮騒→ P.83

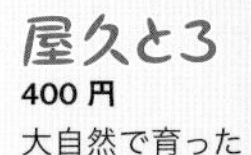

屋久とろ

400 円

大自然で育った屋久島産のとろろは強い粘り気が特徴で、箸で持ち上げられるほど！

●お食事処 潮騒→ P.83

つけ揚げ 550 円

トビウオのすり身を油で揚げた島の伝統的なソウルフード。各集落や家庭によって味つけが異なるのも特徴だ。

●恵比寿大黒とし→ P.84

トビウオのつけ揚げ入りホットサンド

970 円

つけ揚げとパンがベストマッチ！ ニラが入った緑色が特徴のつけ揚げは志戸子集落独自の製法で、魚の匂い消しにもなる。

● kiina → P.95

鮮度が命！ 首折れサバ

首折れ姿は島ならでは

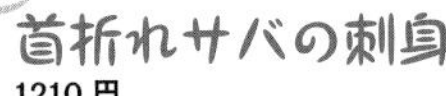

首折れサバの刺身

1210 円

“首折れ”とは、鮮度維持のため漁獲後すぐに血抜きをする屋久島独自の技法のこと。鮮度抜群でしっかりとした食感が特徴だ。漁次第でメニューに出ない場合もある。

●恵比寿大黒とし→ P.84

トビウオ漬け丼 950 円

新鮮なトビウオの切り身を鹿児島の甘口醤油をベースにしたたれに漬け込んだ一品。熱々ご飯との相性も抜群！

●安永丸→ P.90

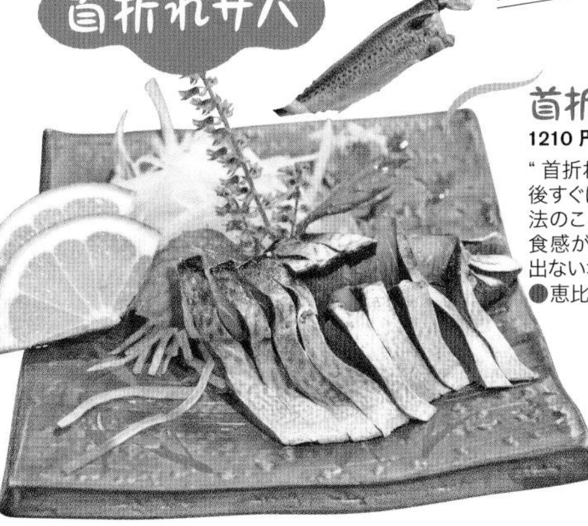

海の恵みたっぷり
旬の地魚

取れたての味を楽しんで！

刺身盛り合わせ 1600円（1人前）
屋久島の海の幸を贅沢に堪能できる一品。その日に仕入れた地魚を使った新鮮な味わいをたっぷり味わって。
●地魚料理 若大将→ P.66

＼カメの手みたい!?／

カメノテ 850円
まるでカメの手のような姿をした甲殻類の仲間。島では頻繁に食べられる珍味で、手で殻を割って中身をいただく。
●地魚料理 若大将→ P.66

地魚にぎり 3000円
旬の地魚は大将自ら漁に出て取ってきたものも多く、豪華な握りを堪能できる。魚種が豊富な島の豊かさを実感。
●寿し いその香り→ P.89

島素材が生きる

幸せ広がる
スイーツ

生産農家が多いポンカン・タンカンをはじめ、お茶を使ったものまで、彩り豊かなスイーツがめじろ押し！

屋久島茶ソフトクリーム
300円
屋久島は日本一早い新茶が取れる隠れたお茶の産地。お茶農園が作るこだわりの有機緑茶をソフトクリームで味わおう。
●八万寿茶園→ P.73

茶葉の風味香る
お茶スイーツ

屋久島スムージー
650円〜
タンカンやポンカン、パッションフルーツなど果樹栽培も盛ん。フレッシュなスムージーはフルーツをダイレクトに感じられる一品。●やくしま果鈴→ P.99

屋久島茶風味のできたて本葛餅 400円
茶葉の豊かな風味が引き出されたぷるぷるデザート。黒蜜ときな粉をかけ、茶葉の香りと一緒に楽しんで。
●やまがら屋→ P.69

カラフルな色合い
果物スイーツ

ひんやりさわやかな味！

ジェラート 1フレーバー 450円〜
塩やお茶、タンカンなど島の素材を使ってさっぱりとした味わい。素材本来の味がしっかり感じられ暑い日にはぴったり。
●屋久島ジェラートそらうみ→ P.98

島で取れたフルーツ

アイスクリーム 600円
ドラゴンフルーツとパッションフルーツの果物本来の鮮やかな色が目を引くデザート。パッションフルーツはつぶつぶ食感が楽しい！
●シーサーシーサー→ P.68

テイクアウトグルメ

山や海できれいな景色を眺めながら食べるランチはおいしさも倍増！ 早朝弁当からデザートまで一挙ご紹介。

トレッキングにも便利なテイクアウトグルメ

縄文杉登山の場合、早朝弁当の予約は必須。早朝出発が必要ない場合は、弁当屋やスーパー（→ P.45）などで多彩なグルメを楽しんで。

\ 早朝弁当ならココ！ /

A あさひ弁当

朝弁当 おにぎり 2 個入り 550 円

縄文杉の出発点となる屋久杉自然館から最も近い弁当屋。大きなおにぎりがふたつ入った弁当は竹の皮にすることも可能。ご飯とおかずが別々の 2 段弁当はボリューム満点！

B 島むすび

おにぎり弁当（朝食用） 750 円

\ パワーチャージ！ /

白谷雲水峡へのアクセスが便利な宮之浦にある。朝弁当にはおにぎりがふたつ入り、さらに昼食用 850 円は、おにぎり 3 つと種類豊富なおかずが詰められていて満足感たっぷり。

\ トレッキングにも最適 /

C お弁当お総菜 かもがわ

竹の皮弁当 480 円

人気の竹の皮弁当は環境負荷が少なく持ち運びにも便利。ハンバーグやから揚げ、卵焼きなどおかずはグラム単位で購入可能。

満足感たっぷり

D Shiiba

カツサンド 550 円、**SPAMにぎり** 220 円（1 個）

焼きたてパンや手作りスイーツのほか食品や飲み物なども購入できるので、登山前の立ち寄りにおすすめ。職人が作るフランス製法のパンが自慢。

\ デザートにも /

E 小屋カフェ「日と月と」

フルーツラッシー 800 円

島素材が主役のドリンクを販売するテイクアウト専門店。新鮮なフルーツを使ったラッシーは色も鮮やかで元気の出る味。

A あさひ弁当
MAP P.88A3 交 安房港から車で7分 住 屋久島町安房 電 090-2714-0329 営 4:00～8:00（予約受付：前日17:00～20:00） 休 無休 カード 不可

B 島むすび
MAP 折り込み③C2 交 宮之浦港から車で5分 住 屋久島町宮之浦2452-54 電 0997-42-0770 営 4:00～8:00（予約受付：前日15:00～20:00） カード 不可

C お弁当お総菜 かもがわ
MAP P.88B3 交 安房港から徒歩10分 住 屋久島町安房78 電 0997-46-2101 営 6:30～売り切れ次第終了 休 日 カード 不可

D Shiiba
MAP P.88B3 交 安房港から車で5分 住 屋久島町安房2359-1 電 0997-46-2002 営 8:00～19:00 休 無休（パン・ケーキ販売のみ火曜定休） カード 不可

E 小屋カフェ「日と月と」
MAP P.88C2 交 安房港から車で3分 住 屋久島町安房650-113 営 11:00～17:00 休 不定休 カード 不可

ここもチェック

わいわいらんど

県道沿いにある大型のスーパーで手作りの総菜が充実。お弁当やおにぎりなど登山向きのものから、お寿司などの生ものまで揃う。

MAP 折り込み③D2 交 宮之浦港から車で5分 住 屋久島町宮之浦2464-22 電 0997-42-2525 営 9:00～20:00 休 無休 カード 可

島のおそうざい こばこ

管理栄養士の店主が作る手作りのおかずを量り売りで販売する。旬の素材を使ったほっとする味が魅力。

MAP P.97B2 交 安房港から車で20分 住 屋久島町尾之間672-1 電 050-8888-0140 営 11:30～14:30、16:00～18:00 休 月・日、月1回火曜 カード 可

山下商店

日用品なども含め幅広いアイテムを販売する島の西部に位置する商店。新鮮な魚を使った刺身や寿司、種類豊富に揃う弁当は島民からの評判も高い。

MAP P.101A2 交 安房港から車で45分 住 屋久島町栗生1545 電 0997-48-2805 営 6:00～17:50 休 無休 カード 不可

屋久島
島人インタビュー 1
Islanders' Interview

山の恩恵を受けて営まれている島だから感謝を伝えたい

精霊が宿るとされるシャクナゲを特別につみ里への手みやげにする

宮之浦岳参り伝承会
屋久島町公認ガイド　**眞邉尚子**（まなべなおこ）さん

一度は途絶えた伝統行事に女性の所願として初参加

山の神様に感謝を伝え、集落の安寧を願う島の伝統行事である岳参り。古くから山は神の領域としてあがめられ、女人禁制だった。そんななか、女性として初めて参拝の代表である所願（ところがん）の大役を務めたのが、眞邉尚子さん。

「生まれは東京の文京区で、初めて屋久島に来たのは 2005 年。旅の途中に行ってみようという軽い気持ちで訪れたのですが、半年後には移住して生活を始めていました」

岳参りの起源はおよそ 500 年前といわれるが、宮之浦集落では 1956 年頃を最後に半世紀近く継承が途絶えていた。しかし歴史ある行事が失われていくことに危機感を覚えた地元の有志が発起人となり、2005 年に復活にいたった。

山と里との境界線である牛床詣所（→ P.64）。魑魅魍魎のすむ世界と区別される神聖な場所

山の恵みで成り立つ仕事直接感謝を伝えたい

岳参りでは、所願と呼ばれる集落の代表者が 2 名選出される。継続して何十回と行う人は 5 人に満たないというが、眞邉さんは 2012 年に初めて参加して以来、合計 17 回、所願には 6 回抜擢されている。

「山で食べさせてもらっているガイドとしての責務という感覚もあります。屋久島では遊びも生活も、山の恩恵があるから生きていけるんです。私自身、女性初だからと重責はなく役目を任せてもらえたなという感覚でした。常に山への感謝が根幹にあったので、所願として自分の言葉で山の神様に伝える役割ができたのはうれしかったです」と話す。

上／宮之浦では春秋の2回実施　下／松明に火がともされ3時半に益救神社に参拝。浜へ移動し「砂取り」を行ったあと、山頂へ出発

岳参りは山に登る観光客が気軽に参加できるイベントではなく、あくまで山へ畏敬の念を抱く精神性のもとに育まれた伝統行事。登山道も、本来は岳参りを行う人々のために通された道だった。

「忙しいときは頻繁に縄文杉に登ることもありますが、常におじゃまさせてもらっているという感覚を心がけています」

“山への感謝”という根幹はぶれずに、時代に合わせ変化する島の伝統行事に新しい風を吹かせている。

岳参り（→ P.111）

タイプ別、おすすめルートをご紹介

屋久島の巡り方

Recommended Routes

中央部に山岳地帯を擁し、一周約130㎞の屋久島。
自然に抱かれるトレッキングから雨の日も楽しめる文化体験まで！
車を使わずに楽しめる充実のプランもチェック。

タイプ別
モデルプラン
1

五感で感じる島の風景

2泊3日

自然と遊ぶアクティブプラン

屋久島を代表する縄文杉をメインに、海や川まで島の自然を大満喫！
レンタカーを使って円形の島を北から南まで、効率よく巡ってみよう。

1日目 島南東部〜北部のグルメと絶景を巡る

総距離 60km

1 10:00 登山守りをゲット
2 11:30 ヤクシカ肉のランチ
3 13:30 ウミガメが来る砂浜へ
4 15:30 屋久島茶ソフトを堪能
5 17:00 新鮮地魚寿司に舌鼓

けがなく安全に登れますように！

2日目 島最大の老大木、縄文杉に会いに行く

6 5:00 登山バスに乗って出発
7 6:00 トロッコ道を歩く
8 10:00 ハートのウィルソン株
9 11:45 森の主・縄文杉
10 18:00 天然温泉でくつろぐ

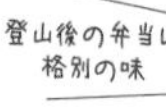

登山後の弁当は格別の味

3日目 海と川を楽しむ 絶景広がる癒やしの時間

総距離 55km

11 9:00 澄んだ川でカヤック
12 12:30 トビウオのひつまぶし
13 14:00 海中の絶景風呂
14 15:00 滑走路を眺めるカフェ
15 17:00 おみやげをまとめ買い

大満足のおみやげをゲット

1日目 10:00 車で5分 → 11:30 車で30分 →

1 翌日の縄文杉登山に備えて益救神社で安全祈願

山岳信仰の神社として古くから信仰を集めた益救神社。御朱印や縄文杉が描かれたオリジナル守りが手に入る。→ P.64

南国の雰囲気漂う大鳥居

2 ここでしか食べられないヤクシカ料理を味わう

屋久島の森で育ったヤクシカはクセが少なく食べやすい。肉本来の味が楽しめるステーキをヒトメクリでいただこう。→ P.84

塩コショウでシンプルに味つけ

2日目 5:00 バスで35分 → 6:00 徒歩3時間 →

6 縄文杉を目指し、登山口に向けてバスで出発！

3〜11月の間は荒川登山口までバスでアクセス。バスの停留所まではガイドが送迎してくれる場合が多い。→ P.38

早朝は冷えるため防寒対策は万全に

7 木々や植物が生い茂る森をトロッコ道に沿って進む

約8kmにわたって続くトロッコ道を歩いていこう。大正時代の伐採の際、搬出のために使われた歴史ある道だ。→ P.39

平坦な道が続くため周りの景色も楽しんで

3日目 9:00 車で3分 → 12:30 車で30分 →

11 エメラルドグリーンの川で爽快カヤック体験！

安房川のリバーカヤックで最終日まで余すことなく遊びつくそう！ 川の流れに任せ、のんびり大自然を楽しんで。→ P.48

赤が映える松峯大橋まで一望

12 漁獲量日本一の港でひと味違うトビウオ料理を

新鮮なトビウオが水揚げされる安房港。定食・ぱすた かたぎりさんではトビウオを使ったひつまぶしが大人気！→ P.90

甘辛たれがご飯にぴったり

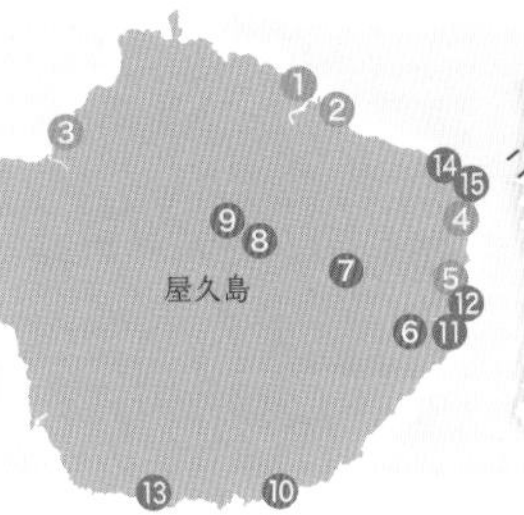

プランニングのコツ

縄文杉の登山口が近いのは安房エリア

前日までに登山弁当の予約やレンタル品の受け取りなども忘れずに。体力次第で3日目は白谷雲水峡などほかの森を歩いても◎。

→ 13:30　車で40分 → 15:30　車で10分 → 17:00

3 美景砂浜が広がる日本有数のウミガメ産卵地

北へ車を走らせると貴重なウミガメの産卵地・永田いなか浜が見えてくる。産卵期には夜間の立ち入りは控えよう。→ P.51

夏は海水浴場としてにぎわう

4 お茶農家が手がけるこだわり緑茶ソフトを堪能

無農薬・有機の茶栽培を行う八万寿茶園で屋久島茶ソフトをいただく。ショップではバラエティ豊かな商品も手に入る。→ P.73

青空の下で味わおう

5 寿司店で地魚を味わいつくす

大将自らも釣り上げる鮮度抜群の地魚が自慢の寿し いその香りへ。明日の早朝出発に備えて早めに宿へ戻ろう。→ P.89

大ぶりの寿司に舌鼓

→ 10:00　徒歩1時間50分 → 11:45　安房港から車で20分 → 18:00

8 上空に浮かぶ、奇跡のハート型を発見！

豊臣秀吉が伐採を命じたともいわれるウィルソン株。内部のある地点から見上げると、ハート型が現れるフォトスポット。→ P.39

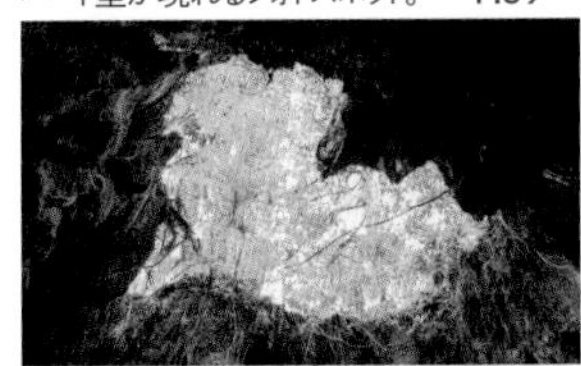
内部には祠が建てられている

9 威風堂々たる森の王者、縄文杉とご対面！

ゴールには圧倒的なオーラを放つ樹齢2000年超の縄文杉が。周囲に囲まれたデッキからその姿を見ることができる。→ P.39

登頂記念の写真を忘れずに

10 下山後は天然温泉で極上の湯を楽しむ

疲れた体を癒やしに天然温泉へ。samana hotel Yakushimaの泉質はまるで美容液のようなとろみが自慢。→ P.53

オーシャンビューの絶景

→ 14:00　車で40分 → 15:00　車で2分 → 17:00

13 干潮前後に出現！潮風感じる海中温泉

干潮の前後数時間のみ入浴できる平内海中温泉はオーシャンビューの絶景が魅力。水着不可の混浴のため注意。→ P.53

夕暮れ時の空と海も美しい

14 滑走路の目の前に立つ絶景カフェでひと休み

空港・港方面へ移動し、小腹満たしにmori café STANDで手作りフードやデザートをいただこう。→ P.69

離着陸する飛行機は圧巻の光景

15 おみやげをゲットして帰路へ

空港前の便利な場所にあるぷかり堂では、多彩な島みやげが手に入る。旅の最後に思う存分買い物を楽しんで。→ P.85

ワークショップも行う

タイプ別
モデルプラン

雨の日も楽しみつくす！

2泊3日

屋久島ネイチャードライブ

年間を通して雨が多い屋久島。雨だからこそ輝きを増すスポットもあるんです。
雨でも歩きやすい屋外や室内アクティビティを掛け合わせて、充実のプランに！

1日目 木々と緑を全身で感じる雨の日でも楽しい森歩き

総距離 40km

1 10:00 屋久杉の秘密を学ぶ
2 11:30 心癒やされるランチへ
3 13:30 巨木の森を歩く
4 15:00 樹齢3000年の屋久杉
5 17:00 絶品肉ディナー

上質な肉で食欲を満たす

2日目 世界遺産登録地域まで車OKの大自然を巡る

総距離 81km

6 9:00 迫力の三滝を眺める
7 12:00 お野菜定食を堪能
8 13:30 ガジュマルの木と撮影
9 14:00 島内最大の大滝へ
10 14:30 動植物の宝庫を探検
11 18:00 トビウオ料理に舌鼓

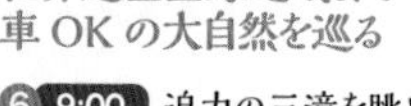

そっと観察してね

3日目 思い出に残るおみやげ&料理を最後まで満喫

総距離 28km

12 9:00 樹上を楽しむ空中ウオーク
13 10:30 果物がおいしいおみやげ
14 12:00 屋久島のイタリアンへ
15 13:30 島の香りをお持ち帰り

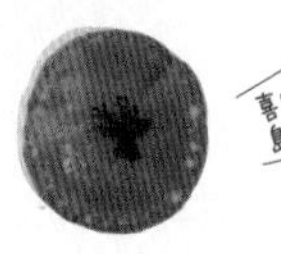

喜ばれる島みやげ

1日目 10:00 徒歩3分 → 11:30 車で30分 →

1 トレッキング前に屋久杉について学ぼう

屋久杉自然館は屋久杉に関する体験型ミュージアム。触って学べる展示品が充実しており、大人から子供まで楽しめる。→ P.57

2005年に折れた縄文杉の大枝

2 深呼吸したくなる森カフェでランチ

【ne-】Plant-based Cafe & Actは緑に囲まれた気持ちのいい空間。植物由来のメニューで心も体も喜ぶランチを。→ P.68

島素材をふんだんに使用

2日目 9:00 車で10分 → 12:00 車で30分 →

6 雨の日は水量爆増！迫力の三滝をドライブ

トローキの滝・竜神の滝・千尋の滝を巡る。特に雨の日やその翌日は水量も大。ただし大雨時は増水に注意して。→ P.54

つり橋から千尋の滝を間近に眺める

7 農家レストランでほっとする野菜ランチを

食彩なからせが提供する定食は、島の郷土野菜を使用。手間ひまかけて作られた郷土料理がいただける。→ P.66

一品一品味わって食べたい

18:00

11 トビウオ料理を心ゆくまで堪能

安永丸では自身の漁船で取ったトビウオで創作料理を提供。刺身やフライ、丼ものなどさまざまな調理法で食べられる。→ P.90

つやつやと輝くトビウオ

3日目 9:00 車で5分 →

12 子供でも楽しく遊べる樹上を歩く新鮮な体験

梢回廊キャノッピは空中に遊歩道が設置されたアクティビティ施設。普段と違った上から眺める自然を楽しんで。→ P.98

全長約180mの回廊

口永良部島
屋久島

プランニングのコツ

雨の日でもトレッキングは可能！

大雨警報や増水などが発生しないなら基本的に可能。しかし急な天気の変化で中止になった場合に備え、代替プランも事前に考えておくのがおすすめ。

→ 13:30 車で20分 → 15:00 車で50分 → 17:00

3 雨の日でも歩きやすいヤクスギランドへ出発

大木が立ち並ぶヤクスギランド80分コースへ。50分コースまでは舗装路のため、軽装備ならばこちらが◎。→ P.42

森に包まれてリラックス

4 車で進むと現れる樹齢3000年の紀元杉へ

ヤクスギランド駐車場から車で進んだ先にある紀元杉。縄文杉よりはるかに接近することが可能で迫力も満点。→ P.43

どっしりとした幹が圧巻

5 肉が主役の贅沢ディナーを満喫

ヤクシカの希少部位や島のブランド牛など良質な肉を取り揃えた、れんが屋へ。ガッツリ食べて疲労回復！→ P.67

登山後はよりおいしく感じる

→ 13:30 車で10分 → 14:00 車で5分 → 14:30 車で50分 →

8 縦横無尽に根を張る自然が生んだ不思議な造形美

中間にあるガジュマルの木は下が大きなトンネルのようになっている。ここで一緒に記念撮影してみよう！→ P.102

車一台分が通れる大きさ

9 屋久島最大規模の滝 水量と岩肌に感動！

西部林道の入口にある、日本の滝100選の大川の滝。前後の天候次第で滝が二股に割れた迫力の光景が見られる。→ P.55

滝つぼまで近づくことができる

10 西部林道でヤクシカ・ヤクザルを発見！

島西側にある西部林道は唯一車で通行することが可能な世界遺産登録地域。ヤクザル・ヤクシカもあちこちに登場！→ P.61

驚かせず慎重に運転しよう

→ 10:30 車で30分 → 12:00 車で5分 → 13:30

13 最終日はフルーツ自慢のおいしいお菓子をゲット

自家農園で育てた島名産のタンカンをはじめ、やくしま果鈴にはフルーツをふんだんに使ったオリジナルスイーツが多数！→ P.99

フルーツスムージーも人気

14 旅の締めくくりは島素材満載のイタリアン

空港そばのロケーションにたたずむイルマーレ。ヤクシカなど地元食材を使ったピッツァやパスタを絶景とともに味わって。→ P.67

本場イタリアのチーズを使用

15 旅の思い出を香りに。アロマスプレー作りへ

やわら香の製作体験では、屋久杉などの日本産精油をブレンド。ひと吹きすればいつでも島の思い出がよみがえる。→ P.62

ていねいにレクチャーしてもらえる

タイプ別
モデルプラン
3

定番&絶景スポットを巡る

2泊3日

レンタカーなしの満喫プラン

島を囲むように走るバスに加えレンタサイクルやガイドの送迎もうまく使い、レンタカーなしでも屋久島の森や海、食事をまるっと楽しめる充実プランをご紹介！

1日目 島の文化&料理を楽しみウミガメダイビングへ

1 13:00 島名物を味わう
2 14:00 観光情報もゲット！
3 15:00 憧れのウミガメと対面
4 18:30 島焼酎で一杯
5 20:00 夜空には満天の星が

2日目 ゴールには絶景が待つ緑の回廊を歩く

6 8:30 白谷雲水峡へ出発
7 10:00 新緑に包まれて深呼吸
8 11:00 晴れた日には絶景が！
9 16:00 登山後の至福のひととき
10 18:30 ボリューム満点グルメ
11 21:00 1日の終わりはバーで

3日目 レンタサイクルで気ままな町さんぽ

12 9:30 焼酎酒蔵を見学
13 11:30 だしのうま味を堪能
14 13:00 最旬おみやげ店へ
15 15:30 コーヒーでひと休み

1日目

13:00 徒歩5分 → 14:00 車で12分 →

1 宮之浦港すぐそばの人気店で島名物を堪能

午後に屋久島に着いたら、宮之浦港から徒歩で行けるお食事処 潮騒へ。名物のトビウオのから揚げは外せない！→ P.83

羽までカリカリ

2 島の自然や文化を学ぶついでに観光情報もゲット！

屋久島環境文化村センターでは島に関する充実の展示品が揃う。併設の観光協会でパンフレットもチェックしよう。→ P.83

宮之浦港目の前にある

2日目

8:30 徒歩1時間30分 → 10:00 徒歩30分 →

6 青々とした森の絨毯白谷雲水峡を歩く

白谷雲水峡から最も近い宮之浦エリアに宿泊し出発。バスでも行けるが、ガイドを頼めば登山口まで送迎してくれる。→ P.40

苔や杉だけでなく大岩も圧巻

7 苔と緑が茂る森自分のペースで楽しもう

苔と緑がうっそうと茂る森は静寂に覆われ、どこか神聖さも感じられる。「苔むす森」と名づけられた撮影スポットへ到着。→ P.41

まるで映画のワンシーンのよう

→ 21:00

11 安房川にたたずむバーで一杯♪

1975年創業のレストラン&バー散歩亭は、島では珍しく深夜0時まで営業。締めにぜひ立ち寄ってみて。→ P.67

2日目の宿は安房で

3日目

9:30 自転車で15分 →

12 レンタサイクルを借りて島焼酎の酒蔵見学へ

安房にあるYOU SHOP南国（→ P.124）でレンタサイクルを借り本坊酒造へ。伝統の甕仕込みで焼酎を造る。→ P.71

仕込み時期は9～12月

プランニングのコツ

宿やガイドの送迎を活用しよう

区間が限られている場合もあるが送迎可能なガイドや宿を選べば、車がなくても広い範囲を移動できる。バスは1時間に1～2本なので時刻表のチェックを忘れずに。

15:00 車で15分

3 ウミガメと泳げるダイビング体験へ

ガイド会社にピックアップをお願いし、一湊へウミガメダイビングに出発！ 運がよければウミガメと泳げるかも！→ P.49

こんなに近くまで接近

18:30

4 旅の初日から島名物を存分に味わう

宮之浦へ送迎を依頼し、食事は宿から徒歩圏内の宮之浦で。恵比寿大黒としは、ゆったりくつろげる老舗居酒屋。→ P.84

島名産の首折れサバ

20:00

5 夜空一面に広がる感動必至の星空

屋久島の夜は星空も美しい。山奥へ行かずとも、ふと空を見上げると都会では見ることのできない無数の星々が広がる。

降ってきそうな満天の星空

11:00 車で1時間

8 屋久島きっての絶景ビュー太鼓岩に到着！

晴れた日には遠くまで山々が見わたせる絶景が待つ大岩。春になれば眼下に山桜が咲き誇り、いっそう美しい風景に。→ P.41

開放感抜群の景色

16:00 バスで1時間30分

9 地元民憩いの湯、尾之間温泉で汗を流す

ガイドがいる場合、尾之間方面まで送迎してもらい下山後の温泉を満喫して。約49℃のあつ湯で疲れを癒やそう。→ P.52

伝統行事が描かれた壁画

18:30 徒歩5分

10 安房方面へ戻り、大満足のディナーを満喫

夜は安房方面へ戻りかもがわレストランへ。種類豊富なメニューが揃い、ご飯は1回までおかわり無料。→ P.90

肉・魚・エビが勢揃い

11:30 自転車で5分

13 サバ節が引き立てるだしがおいしいうどん店

屋久どんで提供するうどんは、島の伝統食材・サバ節のだしが絶品！ 窓に広がる海を眺め、ほっとひと息ついて。→ P.90

トビウオのから揚げとセットで

13:00 バスで40分

14 屋久島らしさあふれるハイセンスなおみやげを

屋久杉の石鹸やお香など目新しいおみやげを買うなら、YAKUSHIMA BLESS へ。隣接の武田館でもひととおり揃う。→ P.91

しっとりした肌になる石鹸

15:30

15 旅の締めくくりはおいしいコーヒーで

宮之浦港までバスで移動しフェリー乗り場2階の一湊珈琲焙煎所へ。船を待ちつつコーヒー片手にのんびり過ごそう。→ P.84

自家焙煎で味わい深いコーヒー

空気中から獲物の匂いを嗅ぎ分ける習性は「風をとる」という

屋久島犬保存会 会長

若松 大介（わかまつ だいすけ）さん

純血種の屋久島犬を求め犬たちと暮らす日々

山へ入ると、その特徴である耳がピンと伸び、無駄のない筋肉質の体でさっそうと森を駆け抜けてシカを狩る。屋久島犬とは、猟界では昔から名が知られていた屋久島固有種の猟犬のことだ。

「いろいろな犬種を飼ったけど、最終的に惚れたのは屋久島犬」

愛情たっぷりの目で犬を見つめ語るのは、若松大介さん。屋久島犬の本当の姿を未来へ残すため、2012年に屋久島犬保存会を立ち上げ日々活動している。屋久島では約40年前まで猟友会の人々は皆猟銃を持ち、屋久島犬を飼っていた。しかし洋犬ブームや狩猟目的での交配により、現在では屋久島犬の純血種は存在しないとされている。

保存会立ち上げを提案した永綱未歩さん。屋久島犬はヒトメクリ（→ P.84）の番犬でもある

「本当にいい犬をもつ人は安易な人を寄せつけないよう『オイの犬はバカ犬やど』と言って隠すんです。門前払いもくらいながらなんとか譲ってもらい、山で走らせたいから銃免許を取って猟友会にも入りました。全部犬のためなんです（笑）」

屋久島犬は唯一無二の島の財産

純血種に近い屋久島犬を残すべく、自営業のかたわら22匹の屋久島犬の面倒をほぼひとりで見る。

「好きだっていう純粋な思い以外ないですよ。僕ひとりで保存していくことは不可能ですから、理解して本当に大切にしてくれる人には譲ることもあります。ただ、営利目的に走ったりぞんざいに扱われたりしないよう見極めることが大変。本当に大切で我が子と同じですから」

獲物を見つけたら、噛まずに猟師が来るまで鳴く「鳴き止め」という方法で狩りを行う

本来の姿が広く知られるよう、いつか屋久島犬が血統書で認められることも目標のひとつだという。

「屋久島の財産は山と森っていわれるけど、屋久島犬もいるよって思うんです。島内でも本当の姿を知る人は少なくて、現状はどんな犬でも屋久島犬として出回っています。犬は放っておくだけではダメで、人間がきちんと手を貸してあげないと残せません。僕が今やめたら、そこで完全に本当の屋久島犬の血は途絶えてしまう。自分が元気なうちに後継者も探さないと」

犬への深い愛情を原動力に、稀有な島の固有種を守り続けている。

さて、島にきて何をしましょうか？

屋久島の遊び方

How to Enjoy

屋久島のメインイベントはトレッキング！

歩き疲れた旅人を癒やす温泉や、パワースポットも盛りだくさん。

素材を堪能できるレストランやカフェもお忘れなく。

大自然を全身で体感
屋久島トレッキング徹底ガイド

約９割が森林に覆われ、“洋上アルプス”の異名をもつ世界自然遺産の島。人生で一度は見たい、美しき屋久島の森へ出かけよう。

多様な生命が息づく世界自然遺産の島を歩く

40 以上の険しい山々が連なり、山頂部では年間約１万 mm 近くもの雨が降る屋久島。豊かな雨水は森を潤し、滝や渓流となって壮大な景観を作り出している。古来神々が宿る場所として信仰の対象であった屋久杉をはじめ、苔に覆われた森の中はヤクシカやヤクザルといった野生生物の宝庫でもある。本格登山から気軽なコースまで、旅程や体力、目的に合わせて無理なく楽しみつくそう。

四季で楽しむトレッキング

春 新緑と花がこの季節の楽しみ。４月上旬は山桜が咲き太鼓岩は絶景。５月下旬〜６月上旬はヤクシマシャクナゲが山頂部に咲く。

夏 ６月上旬〜７月中旬にかけては梅雨の季節で７月以降は台風にも注意。８月は登山シーズンのピークで高山植物も花盛り。

秋 台風シーズンは 10 月頃まで続くが、雨量は落ち着き登山も気持ちのいい季節に。落葉広葉樹を中心に美しい紅葉も楽しめる。

冬 山間部は雪が降る。積雪状況次第では縄文杉や白谷雲水峡も歩けるが事前にガイドに相談しよう。冬山登山は上級者向け。

世界自然遺産に登録

独自の生態系と優れた自然景観が評価され、1993 年に日本で最初のユネスコ世界自然遺産に登録された。宮之浦岳を含む島の中心部、西部林道をはじめ縄文杉付近など島の約２割（10.747 ヘクタール）が世界遺産登録地域に指定されている。

屋久杉とは？

島の標高 800m 付近を超える場所に自生する杉のこと。なかでも樹齢 1000 年以上の杉を屋久杉、若い屋久杉は小杉と呼ばれている。500 年が平均寿命といわれるが、屋久島の杉はゆっくり成長し樹脂分が多い。そのため長命で大木へ成長するのだ。

杉の世代更新

＼ここに注目／

切り株更新・倒木更新

倒木や伐採による幹や切り株から新しい世代の杉が育つこと。「二代杉」や「三代杉」と呼ばれ数千年かけて命のバトンがつながれていく。

切り株の上に新たな杉が成長する「切り株更新」

着生

土壌に根を張らず幹で生育する植物のこと。屋久杉は水分を含む苔に覆われているため着生植物が多く見られる。

voice＜ 倒木や切り株の上に新たな杉が成長した「二代杉」は、かつて島では屋久杉伐採が行われていたことから山中でよく目にすることができる。一方３世代の命がつながれた「三代杉」は珍しい。縄文杉コースにそびえる姿を観察してみよう。

森の王者に会いに行く

縄文杉コース

→ P.38

所要時間 8 ～ 10 時間
歩行距離 約22km
体力レベル 🚶🚶🚶🚶

屋久島を代表する巨木・縄文杉を目指す最も人気のコース。約 8km を占める平坦なトロッコ道を経て本格的な登山道に。1日がかりでハードだが、そのぶん達成感も大きい。

大雨警報発令時は登山バスが運休になるため注意。歩行時間が長いため、雨が降り続けると体力の消耗も激しい。

歩行が長時間に及ぶ耐久型で、小学校中学年くらいから可能だが体力・気力次第。前半は舗装されたトロッコ道を進み、後半は急登もある登山道へ。きちんとした登山装備で挑もう。

苔むした太古林を歩く

白谷雲水峡コース

→ P.40

所要時間 1 ～ 4 時間
歩行距離 約2 ～ 5.6 km
体力レベル 🚶～🚶🚶🚶🚶

うっそうと茂る木々と苔むした緑一色の世界が広がり、太鼓岩まで登れば大パノラマの絶景も待っている。周囲の風景をゆったりと眺める森歩きができる。

多少の雨ならばみずみずしい森が楽しめる。大雨時は前日の状況次第で増水の危険があるため、個人で歩く際には注意が必要。

最短1時間、最大でも半日で往復可能で、体力に自信がない人にもおすすめ。早朝出発の必要もないため時間にとらわれず歩ける。苔むす森まで歩く場合は、行動食や登山装備の準備も忘れずに。

岩場から見下ろす絶景

モッチョム岳コース

→ P.44

所要時間 6 ～ 7 時間
歩行距離 約6 km
体力レベル 🚶🚶🚶🚶

島の南部に位置する標高 940 mの山。道中では屋久杉も見ることができ、急斜面を登っていくと眼下に広がる里と海の絶景が待っている。

低山だがロープ場もある急傾斜で、十分な登山装備と体力が必要。ガイドを実施する会社も多く、ツアーへの参加が望ましい。

車で行ける屋久杉

紀元杉

→ P.43

ヤクスギランドから車で 15 分の場所にある推定樹齢 3000 年の屋久杉。登山せずに屋久杉を見たい人はここに行ってみよう。

九州最高峰に挑む本格登山

宮之浦岳コース

→ P.44

所要時間 9 ～ 10 時間
歩行距離 約16 km
体力レベル 🚶🚶🚶🚶

九州一を誇る標高 1936m を日帰り、または山小屋を利用し 1 泊 2 日で登るロングコース。稜線にそびえる巨石、高山植物が咲く湿原地帯、最後には大パノラマが望め見どころ満載。

平坦な道はほぼなく十分な装備と体力が必要。難所も多く行動判断も求められるため、ガイドをつけた登山が望ましい。登山経験者向けルート。

短時間で屋久島のディープな森を体感

ヤクスギランドコース

→ P.42

所要時間 30 分～ 3 時間 30 分
歩行距離 約0.8 ～ 4.4 km
体力レベル 🚶～🚶🚶🚶🚶

森に立ち並ぶ樹齢数千年の屋久杉を観賞できる。5 コースから選べ、30・50 分コースは小さな子供も歩きやすい。

沢を通過するポイントでは増水に注意が必要。前半は傘を差して歩ける舗装道路もあり雨でも楽しみやすい。

30・50 分コースは舗装されており歩きやすい。80・150・210 分コースは登山道になるため、登山装備をし、体力に合わせて選ぼう。

岩肌を落ちる迫力の大滝が待つ

蛇之口滝コース

→ P.44

所要時間 4 ～ 5 時間
歩行距離 約7 km
体力レベル 🚶🚶🚶🚶

ほかのコースでは見られない南国感あふれる亜熱帯のジャングルを歩く。豊かな水が流れ落ちる蛇之口滝がゴールだ。夏はエメラルドグリーンに澄みわたる滝つぼで泳いでも気持ちいい。

歩行距離も短く日帰りで楽しめるが、急勾配や足場が悪い場所があるため登山経験が求められる。大雨の際は増水に注意。

レベル 🚶…… 初心者でも登りやすい　レベル 🚶🚶…… 登山経験が望ましく一般的な登山装備も必要　レベル 🚶🚶🚶…… 地図読み能力が必要で登山経験のある健脚者向け　レベル 🚶🚶🚶🚶…… 登山経験に加え悪天時の行動判断なども求められる

ゴール目指して楽しみましょう

森のヌシ・縄文杉を目指し
巨樹・巨木が息づく悠久の森を歩く

縄文杉コース

山岳太郎
渡邉 太郎さん

屋久島最大の老大木に会いに行く本格登山

深遠な森に威風堂々と君臨する、まさに森の王者の風格漂う縄文杉。樹齢は 2000 ～ 7200 年ともいわれ、途方もない年月を生きてきた巨木は人々をひきつけてやまない。8 ～ 10 時間の本格的な登山ルートの道中では、個性際立つさまざまな木々に出会うことができる。約 11km のルートのうち、前半の約 8km は木材で舗装されたトロッコ道を歩く。その先の大株歩道入口を過ぎると険しい登山道に。しっかりした装備と朝食・昼食を忘れずに、屋久島のシンボルツリーに会いに行こう。

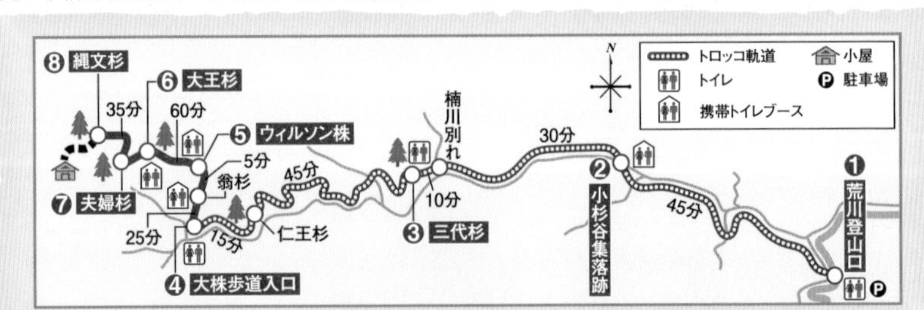

荒川登山口までのアクセス方法

前日 荒川登山バス券購入

毎年 3 ～ 11 月は荒川登山口まで車両規制が実施され、荒川登山バスが運行する。タクシーでのアクセスも可能だが余裕をもって問い合わせたい。

おもな購入場所

乗降場で当日購入も可能だが、スムーズに乗るためには事前購入がおすすめ。おもに観光案内所(→ P.126)、屋久島観光センター(→ P.85)、また一部ホテルでも取り扱っている。

当日 屋久杉自然館までアクセス

※ 1) 6 月運休
※ 2023 年 11 月時点

● 行き(→ P.125)

荒川登山バスが発着する屋久杉自然館までは車でアクセス可。バスの場合、安房方面から 5 分、空港・尾之間方面からは 20 分、宮之浦方面からは 40 分ほどかかる。なお、大雨洪水警報が出た際はすべて運休になるため注意。協力金を含み片道券 2000 円、往復券 3000 円。

到着したらバスチケットから座席券へ引き換えが必要。先着順で出発時刻が決まる

屋久杉自然館～荒川登山口

★ 5:00 発	→	5:35 着
★ 5:20 発	→	5:55 着※1
★ 5:40 発	→	6:15 着
14:00 発	→	14:35 着

荒川登山口～屋久杉自然館

6:20 発	→	6:55 着
★ 15:00 発	→	15:35 着
★ 16:00 発	→	16:35 着
★ 16:30 発	→	17:05 着※1
★ 17:00 発	→	17:35 着
★ 17:45 発	→	18:20 着

voice< 早朝 4 時台のバスに乗るには 3:30 頃には起床し準備を始める必要があるため、宿泊場所も大切だ。荒川登山口まで最も近いのは安房エリア。宮之浦と比較し 30 分以上も早くアクセスできるため、宿は安房がおすすめ(→ P.92、126)。

所要時間 **8 〜 10** 時間
歩行距離 約 **22** km
体力レベル

こんな人におすすめ！
・シンボルツリー 縄文杉を自分の目で見たい
・普段から運動しており、持久力がある

①荒川登山口から トロッコ道をぐんぐん進む

10 時間以上の歩行に備え、入念に準備運動をして荒川登山口を出発！ かつて山中で伐採した木々を運んだトロッコ道が約 8km にわたって続く。景色も味わいながら歩こう。

約 45 分

②かつての屋久杉伐採の拠点・「小杉谷集落跡」へ

1960 年の最盛期には商店や郵便局が立ち並び、約 540 人もの人々がここで生活していたという。パネルも展示されており、半世紀近く栄えた当時の暮らしに思いをはせてみよう。

約 40 分

動植物に注目して歩いてみよう

登山中は山に咲く植物や動物との出会いを楽しみながら歩くのもいい

③ 3000 年を超えてつながれた命のバトン「三代杉」

「三代杉」と呼ばれ、2000 年前に倒れ朽ちた一代目の杉の上に二代目が成長し伐採。現在はその上に三代目の若杉が育つ。三代杉は珍しく、壮大な自然のストーリーを感じられる。

約 60 分

④トロッコ道の終点・大株歩道入口

トロッコ道が終わり、いよいよここから本格的な登山道に。縄文杉までの最後のトイレポイントなので忘れずに。帰り道を考慮して遅くとも 10:00 までには出発しよう。

特に女性トイレは混み合うので余裕をもって並びたい

約 30 分

⑤見ると幸せがアップしそう！ ハート型の「ウィルソン株」

アメリカの植物学者・ウィルソン博士にちなんで名づけられた。推定樹齢は 2000 年で、豊臣秀吉が伐採を命じたともいわれる。中は大きな空洞になっており、見上げるときれいなハート型が！ 道中では 2010 年に倒木が確認された「翁杉」も見られる。

きれいなハート型が撮れるポイントは入口から見て株の右側。しゃがんで撮影しよう

約 60 分

⑥大王の風格漂う 縄文杉に次ぐ「大王杉」

急斜面にそびえ立つ、推定樹齢 3000 年の老大木。縄文杉が発見される以前は屋久島で最も大きい杉だった。堂々と立つ姿を幹の根元から上まで見上げよう。

滑りやすい
根っこに注意

“地獄一丁目”とも呼ばれる急坂を登る

展望デッキから真正面に大王杉が見られる

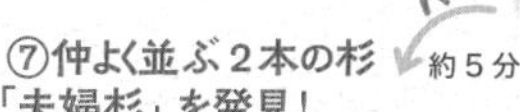

約 5 分

⑦仲よく並ぶ２本の杉 「夫婦杉」を発見！

もともと離れていた２本の杉の幹が成長の過程で合体。それぞれ推定樹齢 1500 年、2000 年といわれ、まるで手をつないでいるかのよう。

１枚の写真に収めよう

約 30 分

⑧堂々たる圧巻の風格 森の深奥に鎮座する「縄文杉」

いよいよ最終目的地・縄文杉とご対面。デッキ中心に静かにたたずむ姿は圧倒的な存在感を放ち、これまでの疲れを忘れるほどの深い感動と達成感に包まれる。はるかなる年月を生きてきた屋久島一の大木との対面後、昼過ぎには出発し最後まで気を抜かず下山しよう。

縄文杉の正面と左右にデッキが設置。デッキでの昼食は禁止

樹高 25.3m、幹回りは 16.4m を誇る

こんなユニークスポットも！

ぱっくり大きく口を開けたマグロのような杉を発見！

触れる屋久杉

コブが子宝に恵まれることを連想させる「子宝杉」

青々とした森に抱かれる
苔むした幻想的な世界がここに

白谷雲水峡コース

しらたにうんすいきょう

雨の日も楽しい、杉と苔を堪能する森歩き

島に降る豊富な雨が育てた神秘的な森・白谷雲水峡。目に入るすべてが深緑の苔に覆われ、マイナスイオンを全身で浴びる森林浴が楽しめる。岩や木々を包み込む苔や植物は、水を含むといっそう輝きを増し、小雨程度ならばぜひ森歩きをおすすめしたい。体力や予定に合わせてコースを組み合わせることもでき、往路と復路で違う道を通ってみるのもいいだろう。苔むす森までは石積みの歩道や木の階段が多く、比較的歩きやすいが登山装備はしっかりと。霧に覆われた森の世界へ、五感を研ぎ澄ませて歩いてみよう。

弥生杉コース
所要約1時間、歩行約 2km。推定樹齢 3000 年の弥生杉がハイライトで、体力に自信がない人にもおすすめ。

奉行杉コース
所要約 3 時間、歩行約 4km。三本槍杉など個性的な著名木を通過し、くぐり杉で折り返すコース。起伏が大きく本格的な登山装備が必要。

今回歩いたのはこのコース
太鼓岩往復コース
所要約 4 時間、歩行約 5.6km。楠川歩道を通り苔むす森、そして絶景を望む太鼓岩までを歩く。登山装備も忘れずに。

アクセス

宮之浦方面からが最も近く車で 20 分程度。安房からは 50 分ほどかかる。登山口までは途中、一車線のみの道路もあるが、ほとんど舗装されており運転しやすい。

宮之浦から白谷雲水峡線を使い 35 分でアクセスできる。安房などほかの地域から乗る場合、乗り継ぎ時間を考慮して「小原町」停留所で乗り換えよう。(→ P.125) 往路復路、各 1 日 8 便。

雨の日は植物、土や根が色濃く鮮やかに輝く。雨上がりも水滴が美しい

voice 日本で確認されている 1700 種類の苔のうち 700 種類近くが屋久島に生育するといわれる。特に白谷雲水峡は多様な生育条件が揃い、沢や幹、岩などいたるところが苔に覆われている。むやみに踏まないよう気をつけながらじっくり観察してみよう。

所要時間 **4**時間
歩行距離 約**5.6**km
体力レベル

こんな人におすすめ！

・屋久島らしいうっそうとした苔の森を歩きたい
・登山初心者で体力にあまり自信がない

①「白谷広場」から出発！

白谷広場からスタート。協力金 500 円を支払いトイレも済ませておこう。一面に巨大な花崗岩が広がる「いこいの大岩」、落差 25 mの一本滝「飛流おとし」を越えて先へ進む。

岩はざらざらしており滑りにくいが雨の日は注意して歩こう

約 15 分

②みずみずしい緑を楽しむ雨の森歩き

コース中で最初に現れる大木が「二代大杉」。下部は空洞だが、どっしりとした幹に圧倒される。「さつき吊橋」で原生林歩道と分岐し、今回は歩きやすい楠川歩道へ。幻想的な白い霧に包まれた森を楽しもう。

左／一代目の株の上に二代目が成長した　右／足元には白谷川の清流が流れる。水分を含み緑の鮮やかさを増す苔が美しい

約 55 分

③個性的な杉が続々と登場

トンネルのように根元が大きく開いた「くぐり杉」を通過し、先へ進むと「白谷小屋」が見える。ここでトイレを済ませよう。水場もあるので昼食にも◎

左／「くぐり杉」のほかにも「シカの宿」「かみなりおんじ」など公募で選ばれたユニークな名前の杉が　右／木の上部から７本の枝が伸びる「七本杉」

約 20 分

④幻想的な深緑の世界「苔むす森」へ

あたり一面木々や岩は苔に覆われ、空まで葉に包み込まれる緑の回廊が広がる。雨にぬれて生きいきと輝く植物は息をのむほど美しい。白谷小屋を過ぎたあたりから、より木々や苔が生い茂っていくが、ここだけ開けており撮影ポイント。

宮崎駿監督作品『もののけ姫』の参考にもされた森

約 40 分

⑤晴れた日には絶景パノラマ「太鼓岩」も！

コースの最後は、岩の先が斜面から突き出した「太鼓岩」へ。霧で見えない場合もあるが、晴れた日は一帯の森が眼下に広がる大パノラマが美しい。上りと下りでコースが分かれており、急勾配の険しい道を進む。

春は山桜が咲き誇り、鮮やかな新緑とともに楽しめる

雨の日トレッキングのコツ

① 沢の増水に注意

白谷雲水峡は橋が架かっていない沢がいくつかあり、長雨や豪雨のあとは増水する場合がある。大雨の際は登山を控え、もし登山中に増水した場合は無理に渡らず、収まるまで待機しよう。

焦らずに雨が収まるまで待機することが大切

通常は石道が見える水位のため安全に渡れる

② 防水対策はしっかりと

防水性能のあるレインウエアとシューズは快適に歩くための必需品。雨の侵入を防ぐため袖口や裾もしっかり絞ろう。携帯電話やカメラなどは防水の保存袋に入れるなど対策を万全に。

③ 滑りにくい花崗岩の石道

島を構成する花崗岩は、ざらざらとしており雨の日でも比較的安心して歩くことができる。一方、泥がついた岩や木の根は滑りやすいので注意して歩こう。

橋下にも花崗岩がゴロゴロ

voice＜ 太鼓岩往復コースで通過する「楠川歩道」は、数百年続く歴史ある貴重な石道。屋久杉を加工した平木が年貢として上納されていた江戸時代、島の男たちが大量の荷を担ぎ、山から里へと数日かけて搬出するために通っていた。

見上げると巨大樹が立ち並ぶ
緑に包まれた屋久島の森を体感

ヤクスギランドコース

ペースに合わせて無理なく歩ける巨木の森へ

ネーミングとは裏腹に、一歩足を踏み入れると樹齢数千年の巨大な杉が並ぶ静寂の森が広がる。道中のつり橋からはすがすがしい渓流が一望できる。明るく広がる森を自分のペースで歩いていこう。全５コースに分かれており、旅の予定や体力に合わせてプランニングできる。標高約1000m 地点からスタートし、30・50 分コースは舗装された道を進むためスニーカーなど軽装備でも OK。80 分コース以降は行動食やトレッキングシューズなど十分な装備を準備して臨みたい。コース奥には屋久杉が立ち並び、苔が生い茂るひときわ荘厳な自然景観が残る。

ヤクスギランドから 5km ほど離れた紀元杉の近くに湧く「紀元命水」。山のいたる所でおいしい水が湧き出ている

アクセス

🚗 安房方面からが最も近くヤクスギランド駐車場まで車で約 30 分、宮之浦方面の場合約 1 時間。見通しが悪い箇所もあり、カーブミラーを注視して運転しよう。

🚌 安房方面からヤクスギランド路線が出ており 40 分程度でアクセス可能。往路復路、各 1 日 2 便ずつ発車する。宮之浦や尾之間などから出発する場合は、「合庁前」で乗り換えが必要（→ P.125）。

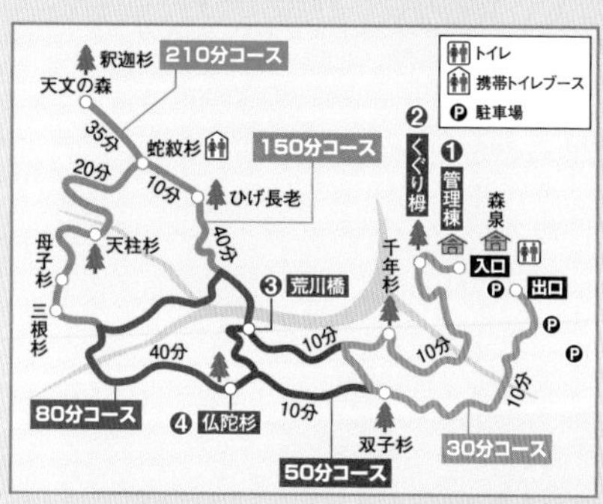

30分コース（歩行約0.8km）
杉や切株、江戸時代に伐採された土埋木（どまいぼく）などが点在する前半部分を歩く手軽なコース。

50分コース（歩行約1.2km）
開放感抜群の景色が広がる荒川橋を渡り、推定樹齢1800 年の仏陀杉を目指す。

今回歩いたのはこのコース
80分コース（歩行約2km）
荒川橋を分岐に清流が流れるつつじ河原を経由して仏陀杉へ。登山道のため 80 分コース以降は十分な装備を。

150分コース（歩行約3km）
コース奥まで歩き、ひげ長老、蛇紋杉、天柱杉など屋久杉の森をじっくりと堪能できる。

210分コース（歩行約4.4km）
蛇紋杉から「天文の森」の釈迦杉までの往復を加えたコース。天然林が立ち並ぶ貴重な場所。

voice コース内でお弁当を食べる場合は、80 分コース以降に設置されている東屋で食べるのがおすすめ。コース入口にある「森泉」に食堂などはないが、2 階には休憩スペースが設置されており特に雨の日には便利に使える。

所要時間 1時間20分
歩行距離 約2km
体力レベル

こんな人におすすめ！
・樹齢1000年以上の屋久杉が見てみたい
・短い時間でもトレッキングを楽しみたい

①杉の巨木が待つ森へ向けて出発！

コース中にトイレはないため入口付近の売店「森泉」で済ませておこう。管理棟で協力金500円を支払い、園内マップもここでゲット。

すぐ

管理スタッフの駐在時間は8:30〜16:30だが時間外でも出入り可能

約10分

②「くぐり栂（つが）」の門を抜け多彩な杉の姿を発見

もふもふの苔がかわいい

「くぐり栂（つが）」の根を通り、すらりとそびえたつ姿が印象的な「千年杉」へ。江戸時代の切株や、伐採後搬出されず残された屋久杉は「土埋木」と呼ばれる。屋久杉伐採の歴史を感じる木々にも注目。

左／推定樹齢数百年の堂々とした杉もここではまだ小杉
右／根元がぽっかり空洞になっている

スリル感も味わえる高いつり橋

③「荒川橋」から眺める360度の渓谷美を体感！

50分コースの分岐となる「荒川橋」へ到着。橋の上からは、清流が音を立てて流れる迫力の眺望が見渡せる。ここから先、「つつじ河原」を通る80分コースは舗装されていない登山道を進んでいく。道中に屋根と椅子がついた東屋が3ヵ所あるので、渓谷を眺めつつ休憩を挟もう。

約40分

間近に迫る大木に感動！

中が空洞化しており、樹勢が衰えているといわれている

④歳月を感じる風格ある「仏陀杉」

折り返し地点を過ぎ、その先に待つのが推定樹齢1800年の屋久杉「仏陀杉」。幹にゴツゴツと隆起したコブがあるのが印象的だ。じっと見ていると、まるで人の顔が浮かんでくるような古木の不思議なパワーが感じられる。

足元に注意！

80分コースから先はトレッキングシューズで登るのが望ましい。

木の下をしゃがんで通過する

木の根が露出しており滑りやすいので気をつけて

さらに足を延ばせば……

天文の森コース

分岐に注意！

最長の210分コースでは、江戸時代の伐採を逃れた屋久杉の原生林と深い苔の森が楽しめる。人もまばらで静かな森歩きに最適。

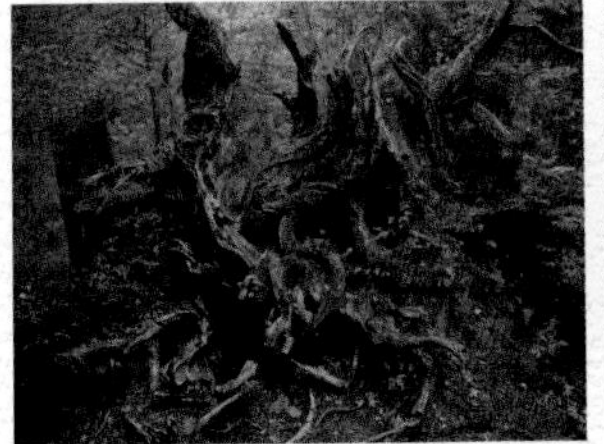

根が複雑に絡み合う倒木「蛇紋杉」

ゴールに立つ「釈迦杉」

樹齢3000年の「紀元杉」

屋久島で唯一、車でアクセスして車窓から見ることができる屋久杉。高さ19.5m、周囲8.1mを誇り、島でも最大級の老大木だ。柵に囲まれているが手が届きそうなほど間近に迫り、重厚感を体感できる。

アクセス

ヤクスギランド駐車場から車で15分程度。バスの場合はヤクスギランド路線に乗車し、終点「紀元杉」で下車。

voice
「釈迦杉」が立つ天文の森の先は、標高1497mの太忠岳へと続く。山頂には「天柱石」と呼ばれる高さ約40mもの巨大岩が鎮座しており、この岩をひと目見ようと山頂を目指す登山者も多い。巨石の下で食べる昼食も格別だ。

一度は登りたい絶景登山コース3選

もっと山を満喫したい人におすすめ、ゴールに圧巻の景色が待つ3コースをご案内！

九州最高峰の名峰から雲海を望む

宮之浦岳コース

所要時間 9〜10時間
歩行距離 約16km
体力レベル

5〜6月はヤクシマシャクナゲの季節

標高1936mを誇る宮之浦岳はアップダウンの激しい本格登山。早朝出発し日帰り、または1泊2日で登る。湿原地、奇岩・巨石など次々に移り変わる景色を楽しもう。

アクセス

安房港から淀川登山口まで車で1時間
紀元杉から淀川登山口まで徒歩40分（早朝便がなく日帰りは不可）

山頂の大岩から見下ろす360度の大海原

モッチョム岳コース

所要時間 6〜7時間
歩行距離 約6km
体力レベル

島の南部にそびえ立つ標高940mのモッチョム岳。距離は短いがロープが必要な急坂もあり、体力と持久力が必要だ。その分頂上に着いたときの達成感もひとしお。

山中には「モッチョム太郎」の名がついた屋久杉がある

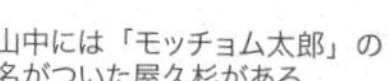

アクセス

安房港から千尋の滝展望台モッチョム岳登山口まで車で20分
鯛ノ川から千尋の滝展望台モッチョム岳登山口まで徒歩1時間

澄み渡るエメラルドグリーンの滝つぼ

蛇之口滝コース

所要時間 4〜5時間
歩行距離 約7km
体力レベル

落差30m、幅約100mの滝が流れ落ちる

亜熱帯植物が生い茂るジャングルの森を歩き秘境・蛇之口滝へ。急勾配や足場の悪い場所が多く、しっかりとした登山装備が必要になる。下山後は尾之間温泉でまったり。

アクセス

安房港から尾之間歩道入口まで車で25分
尾之間温泉入口から尾之間歩道入口まで徒歩6分

＼自然が生み出す造形美／ ユニークな巨大岩を発見！

まるでロボット兵を彷彿とさせるような造形

高磐岳展望台から望む、通称「トーフ岩」

一緒にポーズ

太忠岳の山頂に鎮座する高さ40mの「天柱石」

屋久杉の自然を守るルール&マナー

これからも島の自然と共存していくために登山の際に意識したい。

① 環境保全協力金

環境保全を目的とした任意の協力金で、日帰り1000円、山中泊2000円。協力店で特典が受けられるサービスも。

② 植物や苔に座らない・踏みつけない

種類豊富な苔

島は苔と植物の宝庫。自然を守るためにもむやみに踏み入れないようにしよう。ストックは積雪時を除きゴムキャップを忘れずに付けること。

整備された道を外れないように歩くことが大切

③ ヤクシカ・ヤクザルは遠くで観察

人慣れしたり餌づいたりした野生動物は、人里を荒らし生態系に悪影響を及ぼす。決して餌は与えないように。

登山中に出会ったときも驚かせないようにそっと見守ろう

屋久島登山を楽しむ7つのヒント

限られた旅程でも楽しく・安全に満喫するために知っておきたい７つのヒントをご紹介。

1. 登山届の提出を忘れずに

万が一遭難した場合でも、登山届を提出していれば迅速な捜索につながる。登山届は観光案内所や各登山口、また屋久島町 HP などからもダウンロードが可能。代表者１名が記入し、登山口のボックスへ入れてから出発しよう。

氏名や連絡先のほか、目的地、日程、交通手段、装備品などを記入する欄がある

2. 事前にアクセス＆宿の場所をチェック

急にタクシーを呼んでもつかまらない場合が多い

各登山口までの交通手段に加え、バスに乗る場合は往復の時刻表も必ず確認しよう。さらに宿泊場所も考慮すれば登山口までスムーズ。例えば縄文杉・ヤクスギランドは安房、白谷雲水峡は宮之浦発が最も近い。

3. 登山後は温泉で至福の時間

疲れた体を癒やすべく登山後に入りたいのが温泉。屋久島には８つの天然温泉があり、山とセットで楽しみたい（→ P.52）。島南部の温泉へバスで向かう場合には、大川の滝方面に向かうバスに乗ろう。（→ P.125）

4. 変わりやすい天気に注意

町なかは晴天なのに山に入ると雨が！ というのは屋久島ではよくある話。大雨警報による登山バスの運休、増水によるコース制限が実施される場合もある。屋久島山岳部保全利用協議会の HP から確認可。

URL yakushima-tozan.com

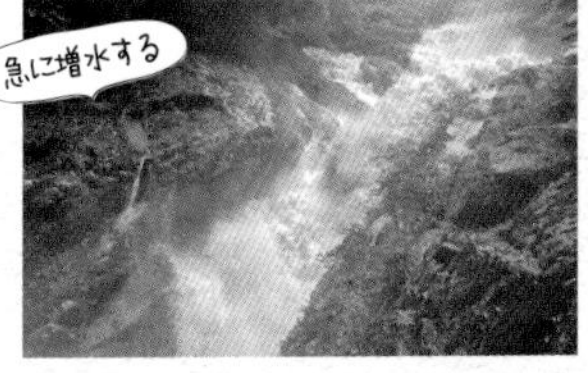

急に増水する

5. 携帯電話は一部で利用可

山中ではほとんど電波が届かず携帯電話も使えない。登山中は機内モードにして電力の消費を抑えておこう。荒川登山口周辺、縄文杉デッキ、宮之浦岳山頂など一部の場所では利用でき、エリアも広がりつつある。

ゴールの縄文杉デッキでは電波が通じる

6. 死亡・遭難事故も多数

島では毎年遭難者、死者・行方不明者が発生しており、短時間のコースであっても決して甘く見てはいけない。登山中もコースを外れず、道迷い防止のピンクテープや立ち入り禁止のロープに従って歩こう。

木に結ばれたピンクテープをたどって森を進んで行こう

7. 弁当・行動食は前日までに準備しよう

詳しくは→ P.25

宿やガイドが用意してくれる場合もあるが、コースの所要時間によって朝昼２食分の用意が必要。縄文杉コースのように早朝弁当が必要な場合は、必ず前日までに予約しておこう。行動食の準備も忘れずに。

大きなおにぎりが入った登山弁当

お弁当＆行動食が買えるおもなお店リスト

地区	店名	情報
宮之浦	ライフセンターヤクデン	MAP 折り込み③ B1　交 宮之浦港から徒歩７分　住 屋久島町宮之浦 1197-1　電 0997-42-1501　営 9:00～21:00　休 無休
	Aコープ 宮之浦店	MAP 折り込み③ C2　交 宮之浦港から車で４分　住 屋久島町宮之浦 2377-1　電 0997-42-3888　営 9:00～20:00　休 無休
小瀬田	ドラッグストアモリ	MAP P.82C2　交 屋久島空港から徒歩９分　住 屋久島町小瀬田 826-34　電 0997-43-5505　営 9:00～22:00　休 無休
	ディスカウントドラッグコスモス	MAP P.82C2　交 屋久島空港から徒歩５分　住 屋久島町小瀬田 815-13　電 0997-49-4111　営 9:00～20:00　休 無休
安房	Aコープ 安房店	MAP P.88C2　交 安房港から徒歩３分　住 屋久島町安房 410-155　電 0997-49-7820　営 9:00～20:00　休 無休
尾之間	Aコープ 尾之間店	MAP P.97A3　交 安房港から車で 20 分　住 屋久島町尾之間 4-1　電 0997-47-2611　営 9:00～20:00　休 無休

持ち物をチェックしよう

温暖な南に位置しているが、標高1300mの縄文杉付近は平地と比べて10℃近くも気温が下がる。油断せずに十分な装備で楽しもう。

帽子
日差しや紫外線、枝などの障害物から守ってくれる。雨対策にも◎。

防寒着
特に標高の高い場所では夏でも必須。小さく折りたためるものが便利。

ザック
日帰り用ザックは15〜20Lが目安。ザックカバーも忘れずに。

ズボン
速乾性と伸縮性を兼ね備えた長ズボンが基本。短い場合は登山スパッツをはこう。

靴
防水仕様のトレッキングシューズを。靴底が薄いスニーカーなどは滑りやすく危険。

ソックス
靴擦れやマメ防止のため厚手のソックスを準備して。

不安な人は携帯トイレを持参しよう

もしもの場合に備えてザックに入れておくと安心なのが携帯トイレ。観光案内所や一部のホテルで購入できる。

使い方

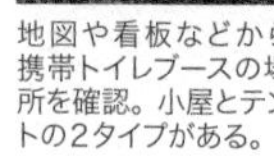

地図や看板などから携帯トイレブースの場所を確認。小屋とテントの2タイプがある。

携帯トイレの便袋を取り出し、ブースに設置された便座の内側に固定してから用を足す。

中の空気を抜いてから堅く結びチャック袋へ。各登山口の回収BOXに捨てる。

トレッキング持ち物リスト

基本装備	登山靴	持ち物	ヘッドライト
	ザック		ストック
	ザックカバー		手袋・軍手
	レインウエア		タオル
服装	長袖・長ズボン		日焼け止め・虫よけ
	防寒具		ティッシュペーパー
	帽子		地図・コンパス
	厚手の靴下		時計
持ち物	飲料水		救急セット
	弁当・行動食		健康保険証
	お金		携帯トイレ
	折りたたみ傘		ビニール袋

沢の水は飲用OK

各登山道には天然の水場が豊富にあり、基本的に飲用可能。日帰りの場合には500mlが入るペットボトルや水筒があれば問題なく過ごせる。

雨具の備えは万全に

完全防水・透湿性のあるレインウエアを忘れずに。上下が分かれたタイプがおすすめ。お弁当を食べる際や小雨の場合に折りたたみ傘も重宝する。

ポケットやザックの中身まで防水対策を忘れずに

登山用品はレンタルも可能！

レインウエアやトレッキングシューズは高額なため、普段登山をしないという人はレンタルが賢い選択。ホテルで貸し出しを行っている場合もある。

山岳太郎

縄文杉などへのアクセスに便利な安房にあり、消耗品類までひととおり揃う。

住 屋久島町安房410-8 電 0997-49-7112
営 9:00〜18:30 休 無休
URL www.sangakutaro.com

おもなレンタル会社リスト

ナカガワスポーツ	住 屋久島町宮之浦421-6 電 0997-42-0341 営 9:30〜18:30（レンタルは〜18:00） 休 水 URL www.nakagawa-sports.com
屋久島観光センター	住 屋久島町宮之浦799 電 0997-42-0091 営 9:00〜18:00 休 無休 URL yksm.com
登山レンタル「やくしま屋」	住 屋久島町宮之浦2447-122 電 0997-42-0484 営 9:00〜16:00 休 無休（12〜2月は不定休） URL yakushimaya-rentalu.com
屋久島レンタル	住 屋久島町安房91-2 営 9:00〜18:00 URL www.yakushimarental.com
レンタルの山下	住 屋久島町安房2386-5／小瀬田826-53 電 0997-46-4255／080-2567-0352 営 9:00〜19:00（当日受付〜17:00） 休 無休 URL yakushima-rental.com

voice＜ 基本的に登山道では上りの人を優先して通してあげるのがマナー。またすれ違う場合には、滑落を避けるために山側に立って通過するのを待とう。ツアーに参加すれば、このような調整もガイドが行ってくれるためスムーズに登山できる。

ガイド会社を選ぼう

王道の縄文杉コースや穴場のコースまで、初心者でもリピーターでも楽しめる多彩なコースが揃う。

トレッキングに必ずガイドは必要？

人気の高い縄文杉も白谷雲水峡もガイドなしで歩くことは可能だが、ガイドがいれば最適なペース調整で案内し、足元が悪い箇所も逐一教えてくれる。自然や歴史について解説が聞ける楽しみも現地ガイドならでは。普段山を歩きなれていない人は利用するのが安心だ。

体力に自信がなく自分のペースで歩くなら貸し切りが◎

※2名参加の場合の1名当たりの料金

おもなガイド会社一覧

縄 縄文杉コース　白 白谷雲水峡コース　ヤ ヤクスギランドコース　宮 宮之浦岳コース

屋久島メッセンジャー
最大５名の少人数制でフォトトレッキングやパワースポット巡りなどコースは多彩。
電 0997-43-5630
URL yakushima-messenger.com

縄 白 ヤ 宮
縄文杉1万5400円、白谷（太鼓岩）1万3200円、ヤクスギ（天文の森）1万3200円

山岳太郎
1泊2日の縦走コースやモッチョム岳など多彩な登山コースを用意。最大５名の少人数制。
電 0997-49-7112
URL www.sangakutaro.com

縄 白 ヤ 宮
縄文杉1万5000円、白谷（太鼓岩）、ヤクスギ（天文の森）1万2500円～

ネイチャーガイドオフィス まなつ
山や川のエコツアーとスピリチュアルツアーを実施。縄文＆白谷の格安パックもある。
電 0997-47-2397
URL office-manatsu.com

縄 白 ヤ 宮
縄文杉、白谷雲水峡（太鼓岩）、ヤクスギランド、宮之浦岳各1万3000円

株式会社屋久島ガイド協会
世界自然遺産登録前の1989年に発足したガイド組織で、森と山を歩く多彩なコースを提供。
電 0997-49-4191
URL yakushima-guide.com

縄 白 ヤ 宮
縄文杉1万2900円、白谷（太鼓岩）、ヤクスギランド1日コース各1万1600円

屋久島ネイチャー企画 FIELD
レンタルセットが付く貸し切りツアーも実施。通常の登山コースに島内観光が付いたプランも。
電 0997-47-2395
URL www.yakushima-field.com

縄 白 ヤ
縄文杉1万4300円～、白谷（太鼓岩）1万2000円～、ヤクスギ1万1000円～

屋久島ガイドツアー
1組に1名以上のガイドが付く完全貸し切りツアー。黒味岳、太忠岳などの本格コースも多数。
電 0997-46-2896
URL www.yakushimaguidetour.com

縄 白 宮
縄文杉1万7800円、白谷雲水峡（太鼓岩）1万4000円、宮之浦岳２万円

屋久島パーソナルエコツアー
完全貸し切りで縄文杉はキャンプのみ。２日間で見どころを巡るツアーも。
電 0997-46-3433
URL www.relaxin-yaku.com

縄 白 ヤ 宮
縄文（1泊2日）3万9000円、白谷（太鼓岩）1万3500円、ヤクスギ（天文の森）1万4000円

YNAC クラシック
自然観察中心の森歩き・里巡りを得意とし、西部照葉樹林は家族連れにもおすすめ。
電 050-5469-5495
URL www.ynac.com

白 ヤ
1日参加
1万5950円

巡り葉 -MEGURe:VA-
レギュラーのほか季節限定ツアーも。西部林道＋島巡りはリピーターにも人気（旧：島結）。
URL www.shimayui.com

縄 白 ヤ 宮
縄文杉1万3500円、白谷（太鼓岩）1万1000円、ヤクスギ（天文の森）1万2000円

屋久島自然学校
王道コースから蛇之口滝や番屋峰など、穴場のコースまで完全貸し切りで案内する。
電 0997-46-2361
URL www.yakushimans.com

縄 白 ヤ
縄文杉1万4000円、白谷（太鼓岩）1万1500円、ヤクスギ1万1000円～

Kichikin Trek Yakushima
1日1組限定で半日のトレッキングから1泊2日のキャンプツアーまで貸し切りでガイド。
URL www.kichikintrek.com

縄 白 ヤ 宮
縄文杉、白谷雲水峡1泊2日キャンプ6万1500円

屋久島ガイド本舗
1日1組限定の貸し切りツアー。宮之浦岳日帰りや1泊2日コースも1名から案内する。
URL guideyakushima.amebaownd.com

縄 白 宮
縄文杉1万4000円、宮之浦岳1万5000円

屋久島山歩
初心者からリピーターまで一人ひとりに合う少人数の多彩なツアーを実施。
電 0997-46-2877
URL yakushima-sanpo.com

縄 白 ヤ 宮
縄文杉1万4000円、白谷雲水峡（太鼓岩）1万1000円～、ヤクスギ（1日）1万1000円

美屋久
1日1日貸し切りの日帰りツアーを提供。写真プレゼントのサービス付き。
電 090-2745-7015
URL biyakushima.com

縄 白 ヤ
縄文杉2万2000円～、白谷（太鼓岩）、ヤクスギ（天文の森）1万6500円～

The Forest Retreat 森呼吸
屋久島の森を五感で感じる貸し切りツアー。歩行距離も短く体力に自信がない人も楽しめる。
電 090-3622-8509
URL shinkokyu-yakushima.jp

白 ヤ
森林浴1日ツアー1万9250円

voice＜ 1日がかりで行動をともにすることもあるため、なるべく相性の良いガイドを見つけたい。女性ガイドがいる会社、貸し切りガイドが可能な会社など選ぶポイントは人それぞれ。自身や同行者の年齢や体力などを考慮して考えてみよう。

安房

緑の川に浮かんでリラックス

リバーカヤック＆SUPツアー

ウミガメが顔を出すかも

島あそび 廣瀬 望さん

大自然を全身で体感！絶景が待つ川遊びへ出発

安房川の河口から出発し、照葉樹林に覆われた渓谷が続く上流へと進む。こちらのコースでは2名以上の場合、カヤックとSUPの同時出発ができ、行きと帰りで体験を入れ替えて楽しめる。屋久島の川は、まるで周囲の森と一体化したような深いエメラルドグリーンが特徴。空とのコントラストは絶景だ。水脈に身を任せてゆったりと漕ぎ進み、スローな時間を堪能しよう。

所要時間 半日コース**3**時間**30**分 1日コース**8**時間**30**分

服装ガイド

ぬれてもいい服装で！

ウエアは速乾性のある服装、または水着やラッシュガードを着用しての参加がおすすめ。夏場は帽子も忘れずに。寒い日はウエットスーツも無料で貸し出し可能だ。

島あそび MAP P.88B3
集合場所 安房川沿い発着 ※送迎あり
電 080-1407-2447 時 半日8:00～11:30、13:00～16:30、1日8:00～16:30 駐車場 あり 料 半日1万3000円、1日2万6000円 予約 必要
URL yakushima-asobi.com

安房川に集合後、レクチャーを受けいよいよ出発

陸上でパドルの持ち方や基本的な漕ぎ方を練習したら、カヤックに乗り込み安房川河口から出発。

パドルの握り方＆位置が大切

グリーンに澄み渡る清流を進む

風が気持ちいい

広々とした川は流れも穏やかで、初めてでも操作しやすい。木々を眺め、のんびりと漕いでいくと鮮やかな赤が映える松峯大橋が見えてくる。

砂浜に腰かけひと休み

途中の中州にカヤックを止め、ここでしばしの休憩。ドリンクやおやつのサービスがあり、大自然に包まれながらの一杯が楽しめる贅沢なひととき。

夏は涼を求めて川へダイブするのも気持ちいい

ドキドキの立ち上がりの瞬間

今回は帰り道からSUPにチェンジ。しっかり浮力があり安定しているため、初心者でも想像以上にスムーズに立てる。

座り姿勢から膝立ち、慣れてきたら立ち上がる

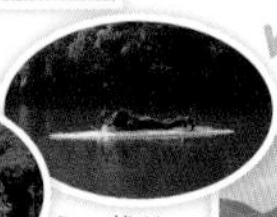

いろいろなポーズに挑戦！

うつ伏せでリラックス

山々を背景にのんびり川下り

目線がぐっと高くなることで川の透明度がいっそう際立ち、周囲の緑も間近に迫る。ボードに立つ不思議な浮遊感がクセになる！

わざと川に落ちて水を浴びるのも楽しい

voice リバーカヤックは台風や大雨で川が増水しない限り、雨の日でも1年中楽しめるアクティビティ。登山がオフシーズンとなる冬は雪山がそびえる一方、平地にハイビスカスが咲く珍しい光景が見られることも。

一湊　コバルトブルーの海でウミガメと泳ごう

ウミガメ体験ダイビング

日本一魚種が多いといわれる屋久島の海を泳ぎ、ウミガメを探すダイビングツアー。海をよく知るガイドが遭遇率の高いポイントへ案内し、運がよければウミガメと一緒に間近で泳ぐことができる。体験は3時間でスタート時刻も相談可能なため、気軽に参加してみよう。泳ぎが苦手な初心者でも安心して体験できるのが魅力。

目の前をウミガメが悠々と通り過ぎる

所要時間　ウミカメコース**3**時間

初めてでもいちからわかる基本をレクチャー

水着とウエットスーツに着替えダイビングポイントに到着。初めは浅瀬で呼吸や機材の使い方など基本的な動作を習おう。

インストラクターからていねいに教わる

カラフルな魚を間近に発見！

練習後、約40分間のダイブを開始！　きれいなブルーの海を潜り、色とりどりの魚が泳ぐ姿を観察しよう。

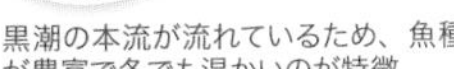

黒潮の本流が流れているため、魚種が豊富で冬でも温かいのが特徴

ウミガメと一緒に泳ぐレア体験！

フォトサービスを利用すれば、ウミガメと一緒に泳ぐ姿を撮影できるチャンスも！　終了後はパウダールーム、シャワー室も完備。

エバーブルー屋久島　MAP 折り込み③ B2　集合場所 ショップまたは一湊海水浴場　住 屋久島町宮之浦2351-47　電 0997-42-0505　時 8:00～11:00、9:30～12:00、13:30～16:30、15:00～18:00　駐車場 あり　料 体験ダイブウミガメコース1万3200円～　予約 必要　URL yakushima-diving.com

---

体内の塩分が排出される様子が涙のように見える

永田　日本一のウミガメ産卵地へ

ウミガメ観察会

島の北西に位置する永田浜は、北太平洋最大のアカウミガメの産卵地。4月下旬頃の産卵シーズンになると、穴を掘り産卵を行うためウミガメが上陸する。その貴重な産卵の様子は、毎年5～7月に開催するウミガメ観察会で見学が可能。事前予約をして、観察会でルールを学んでから参加しよう。

ウミガメ観察のルール

1. ウミガメ保護のためのルール

産卵時期の5月1日～9月30日の夜間から早朝は永田浜に立ち入らない。地中の子ガメに悪影響が及ぶ可能性がある。

観察ルールは当日のレクチャーで学ぼう

2. ウミガメの産卵を見学するには

絶滅危惧種・ウミガメは非常にデリケート。必ず「ウミガメ観察会」に参加しレクチャーを受けてから見学しよう。毎年5～7月にかけて開催され、予約制だが空いていれば当日も可。

ウミガメ観察会　MAP P.94B2　集合場所 永田いなか浜駐車場　電 0997-45-2280　時 20:00～23:00（最終受付20:30）　料 2000円、中学生以下500円　予約 ネットは3月1日～、電話は4月1日～予約開始（2024年時点、要問い合わせ）　URL nagata-umigame.com

ここでも見られます

屋久島うみがめ館

生態が学べる写真パネル、剥製などを展示した施設で2023年にリニューアルオープン。スタッフによる詳しい解説を聞くこともでき、見応えたっぷり。かわいらしい子ガメも必見！

MAP 折り込み③ B1　交 宮之浦港から車で2分　住 屋久島町宮之浦805-1　電 0997-47-1800　営 9:00～17:00（最終入館16:30）　休 月（GW、夏休み期間は営業。HP要確認）　料 500円、中学生200円、小学生以下無料　カード 不可　駐車場 あり　URL www.umigame-kan.org

voice＜ 永田浜を散策する際のルールは以下のとおり。①ウミガメ保護柵に立ち入らない ②焚き火・キャンプをしない ③砂を取らない　季節を問わず前日に適用されるので注意しよう。詳しいルールが書かれたハンドブックは観光案内所などでも手に入る。

安房　水を浴びながら冒険気分で楽しもう！

沢登りツアー

沢を歩き、登り、泳ぎ、ときには飛び込み……全身を使って水で遊べる爽快感抜群のアクティビティ。ルートは決められておらず、手つかずの自然を自分の足と手で進んで行くのが醍醐味だ。夏季限定で開催されており、アドベンチャームード満点。きちんとした装備を身に着けるため初心者でも安心して楽しめる。

苔むす岩の合間を縫うようにして進んで行く

左／ライフジャケット、ヘルメットなどが貸し出され装備を万全に行う
右／澄み切った滝つぼへ向かってジャンプ！

島あそび　MAP 折り込み④ D1　集合場所 田代海岸の枕状溶岩発着　※送迎あり　時 半日 8:00 ～ 11:30、13:00 ～ 16:30、1日 8:00 ～ 16:30（6月上旬～9月下旬）　駐車場 あり　料 半日1万3000円、1日2万6000円　予約 必要

安房　潮風を感じる気ままな海上散歩

シーカヤック

海風に吹かれながら、透き通る海をゆったりと漕ぎ進む。当日の天候や海況に合わせて北から南まで４つのコースを用意しており、海上からしか見られない絶景を求め散策しよう。運がよければ海面からウミガメが顔を出すことも！ 海が比較的穏やかな12月以降の冬がおすすめのアクティビティ。

トローキの滝（→P.55）を海から眺められる！

フリータイムでスノーケルなどが楽しめる

タイミングを合わせパドルで漕ぎ進もう

屋久島フィールドガイドスピニカ　MAP 折り込み④ C2　集合場所 現地または事務所※半日は午前行き（エリアによる）、午後帰りのみ宿へ送迎可　住 屋久島町安房2405-378　電 080-6427-6074　時 半日 9:00 ～ 12:30、13:30 ～ 17:00、1日 9:00 ～ 16:00　駐車場 あり　料 半日9000円、1日1万6000円　予約 必要　URL yakushima-kayak.com

海&川のメニューが充実！ガイド会社リスト

会社名	コース内容	電話番号	URL
屋久島ダイビングセンター	DV RK	0997-49-3072	www.yakushima-diving-center.com
屋久島ダイビングガイド夢心地	DV SN	090-8918-7311	www.yume-diving.com
aqua style	DV SN RK	090-5294-3999	aquastyle-yakushima.com
屋久島ダイビングガイド マリンクラブ カイオロヒア	DV SN RK	0997-42-2021	yakushima-marine-club.kaiolohia.com
屋久島自然案内	DV SN	0997-49-1260	yakushima-nature.jp
屋久島ダイビングステーション まる	DV SN	090-8663-4167	maru-yakushima.net
ノブヤック屋久島	SK RC	0997-45-2172	yakushima-nobyak.biz
屋久島ダイビングサービス もりとうみ	DV SN	0997-49-1260	mori-umi.net
屋久島リバーカヤックebis	RK	080-2619-2696	ebis-yakushima.com
ネイティブビジョン	SP DV SN RK	0997-42-2013	www.native-vision.com
屋久島マリンサービスYMS	DV SN	0997-49-4380	www.yakushima-dive.com
屋久島ダイビングリゾートDIVEANCHOR	DV SN	0997-44-2820	yakushima-diving-anchor.com

SK シーカヤック　SP スタンドアップパドルボード　DV スクーバダイビング・体験ダイビング　SN スノーケリング　RC 沢登り　RK リバーカヤック

voice＜ アクティブなツアーのほかに、ヨガや瞑想、森林浴など穏やかに楽しめる体験もおすすめ。島の自然をとおして自分の心身にも向き合うウェルビーイングな旅も近年盛り上がりを見せている。

水辺スポットが盛りだくさん!

屋久島ビーチ&渓谷コレクション

開放感たっぷり!

一湊

一湊海水浴場

いっそうかいすいよくじょう

北部に位置する、島で最も大きな海水浴場。海中ではサンゴ群や色とりどりの魚たちを見ることができ、ダイバーにも人気。白い砂浜が一面に広がり、波も穏やかで海水浴に絶好。

MAP P.94C1
交 宮之浦港から車で13分

トイレ　シャワー　更衣室　監視員　P 駐車場

※監視員が常駐するのは開設期間中のみ（7月中旬～8月下旬まで）

安房

春田浜海水浴場

はるたはまかいすいよくじょう

海面から隆起した珊瑚礁の海岸で、熱帯魚やカニなどを観察できるタイドプールもある。珊瑚礁は海中にも広がり、絶好のスノーケリング、ダイビングスポット。

MAP 折り込み④ C2　交 安房港から車で5分

栗生

栗生海水浴場

くりおかいすいよくじょう

白い砂浜と遠浅の海が美しい海水浴場。栗生集落は島の南西部にあるため気候も温暖だ。4月下旬のシーズンになると、夜間ウミガメが産卵のために上陸することもある。

MAP P.101A2
交 安房港から車で 40 分

永田

横河渓谷

よっこけいこく

駐車場から川の上流へ 10 分ほど歩いた場所にある。大きな花崗岩がゴロゴロと点在し、岩の合間はタイドプールのようになっている箇所もあり川遊びに最適。

MAP P.94B3
交 宮之浦港から車で 35 分

栗生

塚崎タイドプール

つかざきたいどぷーる

栗生海水浴場から車で5分ほど離れた場所にある潮だまり。干潮時になるとイソギンチャク、サンゴ、ヒトデ、ウニなどさまざまな生物が現れる。

MAP P.101A2
交 安房港から車で 45 分

安房

滝之川の一枚岩

たきのかわのいちまいいわ

健康の森公園（→P.89）のすぐそばにあり、巨大な一枚岩の上を悠々と川が流れる。普段は水位が浅いため、裸足で歩いたり寝そべったりしても気持ちいい。

MAP P.88A2　交 安房港から車で 7 分

永田

永田いなか浜

ながたいなかはま

風化した粗めの花崗岩の砂浜が約 1km にわたり続く海岸。日本有数のアカウミガメの上陸・産卵地として知られており、産卵&孵化シーズンは立ち入りが制限されるため注意しよう（→P.49）。

MAP P.94B2
交 宮之浦港から車で 26 分

voice< 屋久島の海は遠浅ではなく急激に深くなる箇所が多いため、夏の海水浴シーズンの際には注意が必要。夏場は日差し除けの帽子やサングラス、ラッシュガードなども忘れずに。

知る人ぞ知る個性豊かな湯巡りへ

水の島・屋久島の天然温泉

効能豊かで、絶景も堪能できる温泉が点在する屋久島。7つの名湯をはしごする湯巡りはいかが？

モッチョム岳、棒踊りや鬼火焚きなど島の伝統行事が描かれる

① 島民に愛される憩いの湯

♨入浴料金　300円
小学生以下　150円

尾之間温泉（おのあいだおんせん） 尾之間

足元からぷくぷく湧き出るあつ湯と風情ある壁画にも注目

遡ること数百年前、大けがのシカが傷を癒やした伝説が残り、その効能から古来親しまれてきた。足元から湧き出すのは、約49℃の熱めの源泉。シャワーは使わず、湯船の周りに座って体を流すのは尾之間温泉ならではの光景だ。島の風景や伝統行事が描かれた壁画を眺め、地元気分で体の芯まで温まろう。

ぜひ一度入ってみてください

尾之間温泉元管理人
岩川 通孝さん

MAP P.97A2　交 安房港から車で25分　住 屋久島町尾之間1291
電 0997-47-2872　営 7:00～21:30　休 月　カード 不可　駐車場 あり

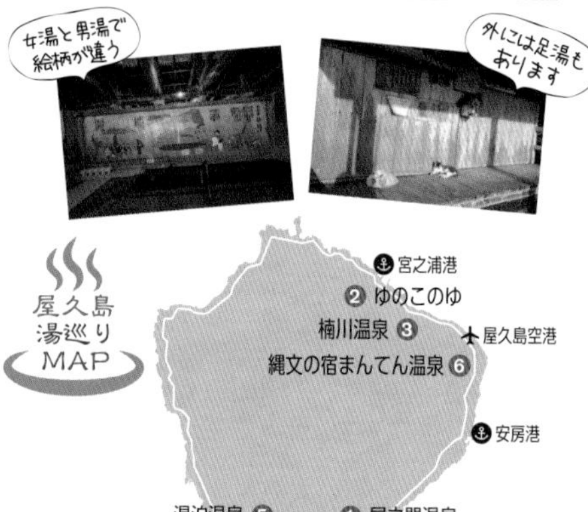

尾之間温泉の歴史

何度かの建て直しを経て1994年に現在の造りになった。地元の住民によって半年近くにわたって作業が行われ、材木には地杉も活用されている。

1920年頃

1960年頃

現在

上の写真は「サロン湯の峯」（→ P.99）にも飾られている

② 少人数での利用にも便利

♨入浴料金　500円
小人　200円

ゆのこのゆ 宮之浦

歴史ある湯治場施設を再現し、2009年に屋久島総合自然公園内に完成。内湯と五右衛門風呂があり、完全貸し切りのため入浴には予約が必要だ。

家族や友達同士でも！

アメニティはないため持参しよう

MAP 折り込み③A2　交 宮之浦港から車で10分　住 屋久島町宮之浦2077-37　電 0997-42-0305
営 12:00～20:00　休 月　カード 不可　駐車場 あり

③ 川が流れる昔ながらの温泉

♨入浴料金　300円

楠川温泉（くすがわおんせん） 楠川

古くから地元住民が足しげく通い、冷泉を温めた温泉は長時間じっくりつかれる。5～6月は近くを流れる川でホタルが見られることも。

登山後に立ち寄ろう

山中の少し奥まった場所にある

MAP P.82A1　交 宮之浦港から車で15分
住 屋久島町楠川1364-5　電 0997-42-1173
営 9:00～21:00　休 毎月10、20、30日　カード 不可　駐車場 あり

voice＜ 屋久島は火山島ではないが桜島や指宿などとともに霧島火山帯に属している。硫黄の香りがするアルカリ性単純温泉は、断層の割れ目に沿うように流れた地下水が花崗岩により温められ湧き出たもの。

④ 海と一体化する海中温泉 入浴協力金 200円

平内海中温泉（ひらうちかいちゅうおんせん） 平内

波の音と磯の香りに気分高まる大迫力の絶景ビュー温泉

1日2回、干潮の2時間前後のみ現れる全国的にも珍しい海中温泉。海底からは絶えず温泉が湧き、湯につかりながら迫力のオーシャンビューが楽しめる。日没から夜にかけての壮大な天体ショーは必見だ。男女混浴で水着・下着は不可だが、バスタオルや湯浴み着の着用はOK。

協力金も忘れずに

MAP P.101B3 交 安房港から車で35分 住 屋久島町平内7-2
電 0997-47-2953（平内区事務所）
営 1日2回の干潮時の前後約2時間
休 無休 カード 不可 駐車場 あり

左／干潮時間は日によって異なるため、事前に気象庁のHPなどからチェックしよう
右／夏場はテントが設置されるが、基本的に脱衣所はないため岩陰で着替える

⑤ 移り変わる景色を堪能 入浴協力金 300円

湯泊温泉（ゆどまりおんせん） 湯泊

硫黄の香り漂う秘湯感たっぷりの個性派温泉

浜辺から湧き出た源泉を引いた「浜湯」は、時間を問わず24時間楽しめる露天風呂。ビニールハウスを模した建屋は男女別にシートで区切られているため、比較的抵抗感も少なく入浴できるのがポイント。湯につかれば、水平線の彼方まで海を一望できる。少し離れた場所にひっそりとたたずむのが、岩場に湧き出る「先の湯」。こちらは海中温泉のため干潮時間の前後だけ入浴が可能。

MAP P.101B3 交 安房港から車で35分
住 屋久島町湯泊1714-28 電 0997-48-2806
営 24時間 休 無休 カード 不可 駐車場 あり

海と空を味わえる

左／浜湯では水着の着用は不可だが、先の湯ではOK
右／クジラが見られる日もあるという

檜の香りと楽しんで

小瀬田 登山後の疲れを癒やしてくれる

⑥ 空港近くでアクセスも便利

縄文の宿まんてん温泉（じょうもんのやどまんてんおんせん）

屋久島空港の目の前にあり、日帰りでも22:00まで入浴可能なためトレッキング後にも最適。露天風呂、露天檜風呂のほかドライサウナも楽しめる。

日帰り入浴料金1600円、小学生1000円、幼児500円、3歳以下無料（15:00～22:00）

DATA →P.86

大海原に感動！

尾之間 日帰り入浴で訪れる地元の人も

⑦ 贅沢感あるとろみ温泉

samana hotel Yakushima（さまな ほてる やくしま）

まるで美容液のようなとろみのある泉質が自慢で、湯上がりはすべすべに。海と空が一面に広がり、日の入り時には水平線に沈む夕日も美しい。

日帰り入浴料金 1400円、小人700円（改定の可能性あり）（15:00～19:00※最終受付18:00）

DATA →P.100

voice< 温泉に感謝し集落の繁栄を願い、尾之間温泉と平内海中温泉では毎年夏祭りが実施される。出店やステージ、パレードなどのイベントが開催され集落総出で盛り上がる。ぜひ足を運んでみてはいかが？

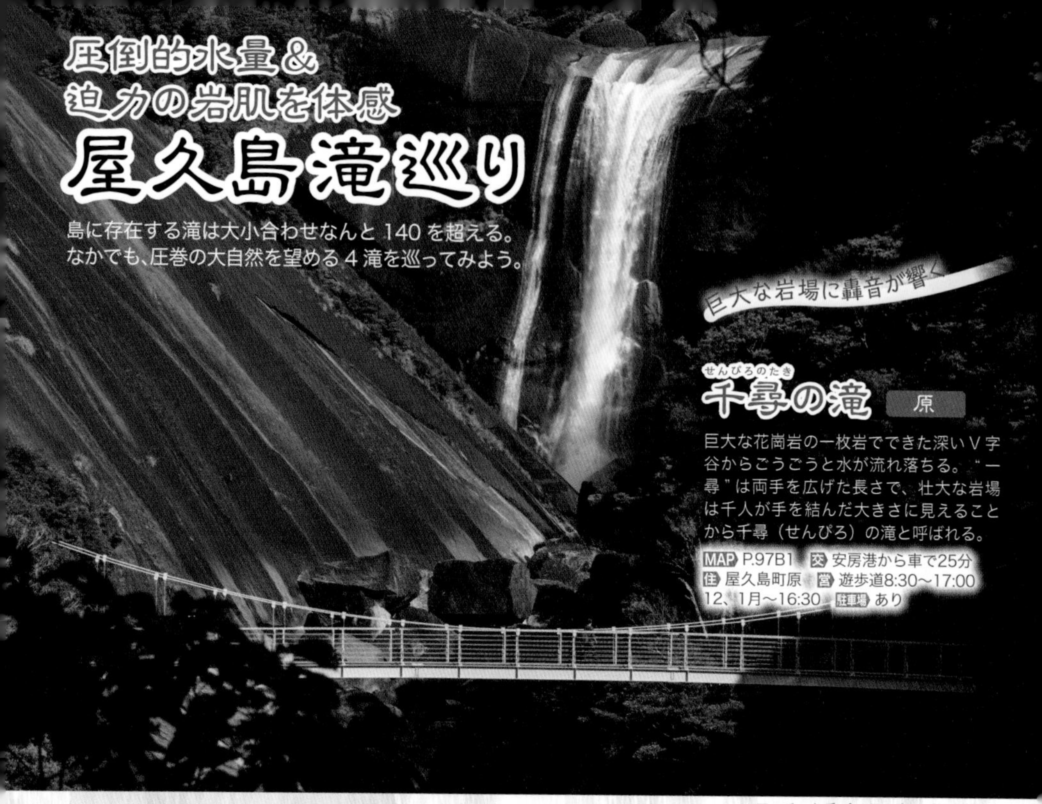

圧倒的水量&迫力の岩肌を体感
屋久島滝巡り

島に存在する滝は大小合わせなんと 140 を超える。なかでも、圧巻の大自然を望める 4 滝を巡ってみよう。

巨大な岩場に轟音が響く

千尋の滝（せんぴろのたき） 原

巨大な花崗岩の一枚岩でできた深いＶ字谷からごうごうと水が流れ落ちる。“一尋”は両手を広げた長さで、壮大な岩場は千人が手を結んだ大きさに見えることから千尋（せんぴろ）の滝と呼ばれる。

MAP P.97B1　交 安房港から車で25分
住 屋久島町原　営 遊歩道8:30～17:00
12、1月～16:30　駐車場 あり

マイナスイオンに癒やされる島南部を巡るドライブに出発！

屋久島の平地では年間を通して4500mmもの雨が降り、その量は日本の平均降水量の２倍をはるかに超えるほど。豊富な雨は川となって、島の各所でさまざまな滝を見ることができる、特に大雨が降ったあとは水量が増して迫力倍増！ 島南部に集中する大滝を目指し、車で行ける滝巡りへ行ってみよう。

ドライブルート

START 千尋の滝 → 車５分 → 竜神の滝 → 車３分 → トローキの滝 → 車 35 分 → 大川の滝 GOAL

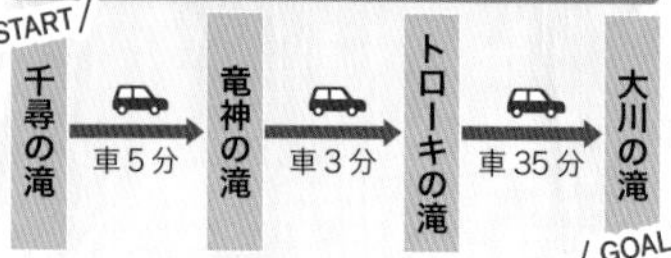

おみやげはここでゲット！
げじべえの里

千尋の滝の駐車場にあるおみやげ処。屋久杉工芸品をはじめとした特産品のほか、２～３月頃に提供するタンカンジュースなども人気。

電 090-8229-4479　営 8:30 ～ 17:00
休 不定休（12 月～２月 10 日まで冬季休業）
カード 不可　駐車場 あり

2023年整備の遊歩道へ！

距離 600 m　時間 30 分

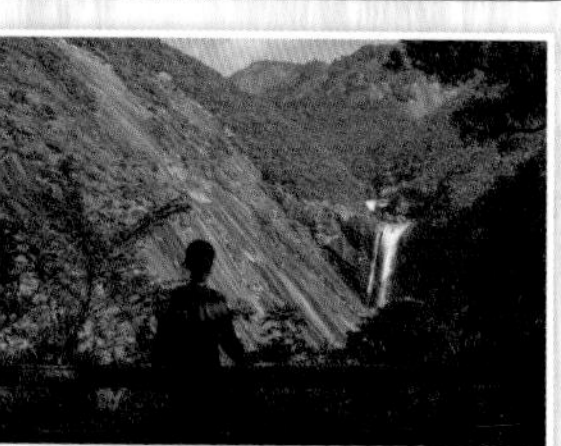

駐車場から歩いてすぐの場所に展望台がある。滝つぼまでは約 400m ほどあるが、ここからでも遠くに望める。

しっかり手すりにつかまって

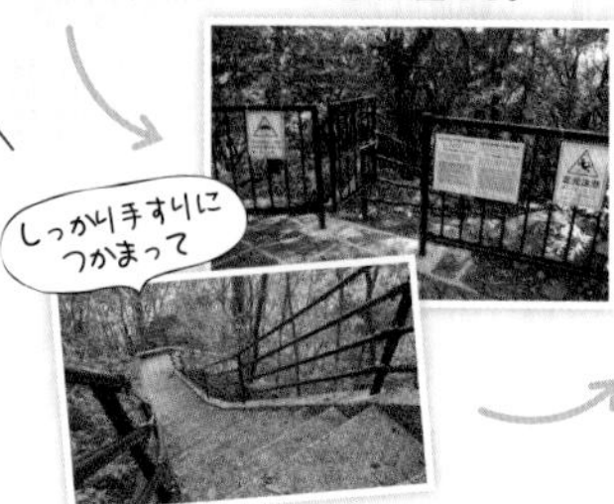

つり橋まで行きは石段の下りが続くが、帰りは一転、上りの険しい道のりを歩く。開放時間は天候により変動する場合もある。

モッチョム岳（→ P.44）の麓に落差約 60m を誇る滝が流れ落ちる

落差約60mの雄大な滝！

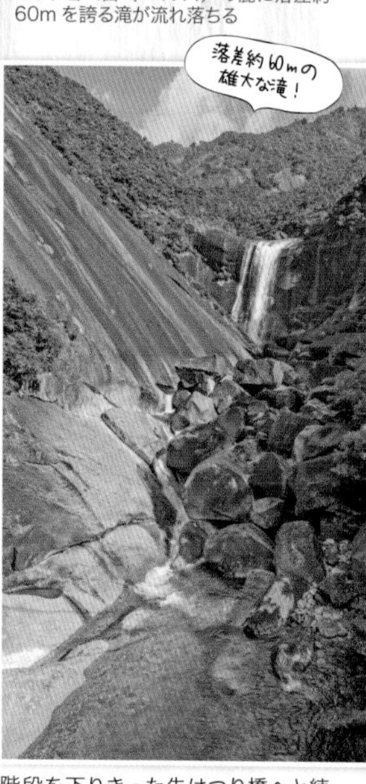

階段を下りきった先はつり橋へと続いており、滝つぼとは約 200 mの近さ。見上げれば大迫力の岩肌と滝が目の前に広がる。

voice< トローキの滝は展望台で遠くからしか見ることができないが、シーカヤックツアーに参加すれば滝つぼまで接近可能（→ P.50）。落差は 6m と小さいものの、近くまで行けばその迫力に驚くはず！

トローキの滝（とろーきのたき） 麦生

滝が直接海に注ぎ落ちる日本にふたつしかない珍しい滝。県道沿いの入口から5分ほど歩いた場所に展望台があり、背景に広がるモッチョム岳と鮮やかな赤色の橋とともに一望できる。

MAP P.97C2 交 安房港から車で17分 住 屋久島町麦生 駐車場 なし（ぽんたん館に駐車可）

竜神の滝（りゅうじんのたき） 原

うっそうと生い茂る木々の合間から流れ、橋の上から見下ろすように眺望できる。落差は30mと比較的低めだが、深い山を荒々しく流れ落ちる様子はまるで一匹の竜のよう。

MAP P.97B2 交 安房港から車で20分 住 屋久島町原 駐車場 あり

大川の滝（おおこのたき） 栗生

「日本の滝100選」に選出されており、88mの断崖からダイナミックな水量が流れ落ちる。滝つぼの真下まで近づくことができ、爽快な水しぶきで夏場はひんやりと気持ちいい。

MAP P.101A1 交 安房港から車で50分 住 屋久島町栗生 駐車場 あり

日本初の登録を誇る世界自然遺産を大解剖！

日本初の世界自然遺産として登録され30年以上、訪れる人々をひきつける屋久島の魅力を改めてひも解いてみよう。

登録のポイントは“自然美”と“生態系”

屋久杉の森と独自の植生に注目

1993年に白神山地とともに日本初の世界自然遺産として登録された屋久島。樹齢数千年以上に及ぶ屋久杉を有する天然林が、世界的にも貴重な光景として評価された。この“自然美”が評価されたのは、日本に現在5つある自然遺産のなかでも屋久島をおいてほかにない。北から南までの植生が見られる「垂直分布」も顕著で、多くの固有植物や北限・南限植物が見られる。

高山が生み出す豊富な雨

山間部は日本の年平均の5倍近く、約8000mm以上の雨が降る。屋久島は1800m級の山を有し、黒潮から生まれる水蒸気が山の斜面を上り雲となることで雨がもたらされるのだ。

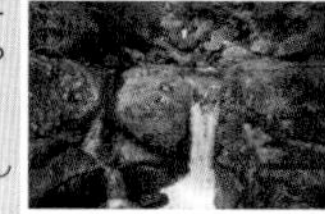

森を育て暮らしも支えている

貴重な固有種・絶滅危惧種

植物だけでも1900種以上が分布し、屋久島だけでしか見られない固有種や絶滅危惧種も多い。同じく動物もヤクシカ・ヤクザルのように固有種が多く、小型であることが特徴。

ヤクシカ・ヤクザルを除き大型哺乳類はいない

北から南までの植生が集結「垂直分布」とは？

標高差が生み出した屋久島独自の植生分布

高山が連なる屋久島では、標高の差が最大2000m近く生じ、平地と山頂で大きな気温差が生まれる。例えば九州一の高山・宮之浦岳1936mの平均気温は7℃と、北海道とほぼ変わらず冬季の山頂部は雪も降る。一方、海岸部は南の島らしく平均20℃前後と温暖だ。南北に長い日本列島の多様な植生がひとつの島で見られる「垂直分布」が、特徴のひとつである。

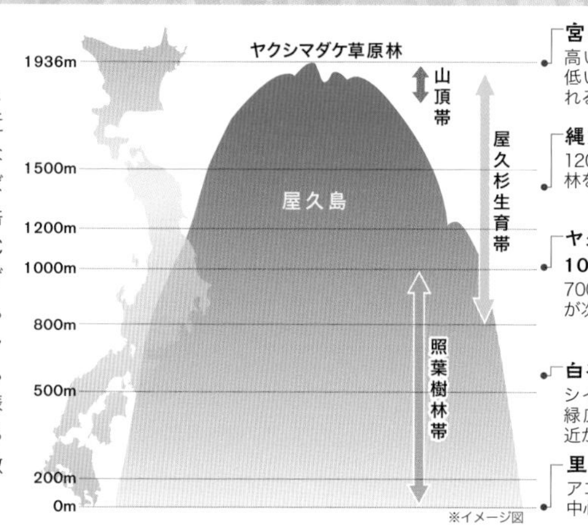

宮之浦岳 1936m
高い植物はなく、丈の低い植物の群生が見られる。

縄文杉 1300m
1200m付近から照葉樹林を抜け針葉樹林へ。

ヤクスギランド 1000m
700m付近から針葉樹が次第に多くなる。

白谷雲水峡 600m
シイやカシが中心の常緑広葉樹林。800m付近から屋久杉が出現。

里 0m
アコウ・ガジュマルなどの亜熱帯植物が中心。

西部林道（→P.61）は、海岸から山頂まで垂直分布が残る世界遺産エリア。車で自由に出入りできるが、徒歩で散策したい場合にはガイドが付いたツアーに参加する必要がある。車では見過ごしてしまう植物までていねいな解説が聞ける。

体験型ミュージアムで学ぶ 屋久杉のヒミツ

樹齢1000年のワケ

島に自生する杉のなかでも樹齢1000年を超えた杉だけが「屋久杉」と呼ばれる。花崗岩でできた島は栄養分が乏しく、成長スピードが遅いため年輪が密に。そのため豊富な樹脂が含まれ、腐りにくく一般的な杉と比較し倍以上長生きするのだ。

工芸品となる土埋木

土埋木とは江戸時代に伐採された切り株や、台風により倒れた屋久杉のこと。緻密な年輪と豊富な樹脂を含むため、数百年後まで残る。現在は工芸品の原料として利用されている。

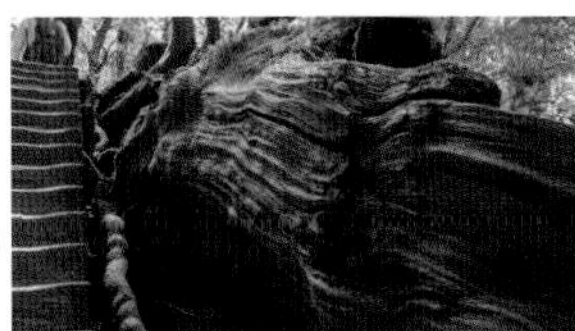
標高1000m付近の杉樹林帯で見られる

著名な屋久杉３選

❶**縄文杉**（→P.38）
樹高25.3m、幹回り16.4m、推定樹齢2170～7200年
❷**紀元杉**（→P.43）
樹高19.5m、幹回り8.1m、推定樹齢3000年
❸**大王杉**（→P.38）
樹高24.7m、幹回り11.1m、推定樹齢3000年

屋久杉自然館
本間 詩織さん

屋久杉自然館 MAP 折り込み④C2 交 安房港から車で10分 住 屋久島町安房2739-343 電 0997-46-3113 営 9:00～17:00（最終入館16:30） 休 第1火曜 カード 可 駐車場 あり 料 600円、高校・大学生400円、小・中学生300円 URL www.yakusugi-museum.com

屋久杉の歴史

江戸

年貢としての屋久杉

奥岳に育つ屋久杉は、古来神の化身としてあがめられていた。資材として屋久杉伐採が始まったのは江戸時代のこと。仏僧で儒学者の泊如竹が、屋久杉の経済的価値を見出し、島民を生活の苦境から救うため７日間の山籠もりを行い神の許しを得たのだ。また、この頃支配を強めていた島津氏は年貢として米の代わりに屋久杉材を定め、ますます伐採が進められていった。

左／年貢として納めた屋久杉を加工した平木。米1俵が2310枚分にもなった　右／実際に伐採で使われた貴重な道具を展示

秀吉と屋久杉
安土桃山時代、豊臣秀吉は京都の寺院に大仏殿を建てるべく杉と檜の捜索を命じた。屋久島でも調査が行われ、建設に適した木材であったことが示されている。ただし、これほどの巨木を京都まで運搬できたのかは不明。

明治～昭和

最盛期には133世帯540人もの人々が暮らした

屋久杉伐採の拠点地・小杉谷集落

明治期、ほぼすべての森林が国有化となり国による事業が本格化。1923年には木材を運ぶためのトロッコ道が作られ、翌年は伐採の拠点となる小杉谷集落が設置された。

1966年

縄文杉の発見と掲載

発見したのは役場の観光課長であった岩川貞次さん。「巨大な屋久杉があるらしい」という噂を頼りに探し歩き、発見時「大岩杉」と命名した。

"縄文の春"と書かれた新聞記事により、「縄文杉」という名が次第に定着していった

1993年 世界自然遺産登録

1970年頃から国の事業が大幅に縮小。1993年に島の約２割が世界遺産地域に登録され、自然との共生を説く屋久島憲章が制定された。

自然資源と環境の恵みを守り生かしていく

世界自然遺産に登録されたことを機に、屋久杉伐採に対しても制限がかかり、その後正式に伐採が禁止。現在市場に出回る屋久杉は、それ以前に伐採されたもの、もしくは自然倒木したもののみ。屋久杉工芸品は限られた資源から作られているのだ。

希少種を発見!

花図鑑

珍しい固有種に加えて、亜熱帯〜亜寒帯と多様な植物が生えるさまは日本列島の縮図のよう!

固有種

ヤクシマシャクナゲ

ツツジ科ツツジ属

花期:5〜6月

ピンク色の花をつけ、徐々に白色に移り変わる。中山地〜高地で見られ岳参り(→ P.111)の際に持ち帰る。

固有種

ヤクシマリンドウ

リンドウ科リンドウ属

花期:8月

夏になると高山の岩場の隙間で青紫色の花をつけ、太陽の光で花開く。絶滅が危惧される島の固有種。

固有種

オオゴカヨウオウレン

キンポウゲ科 オウレン属

花期:2〜4月

屋久島固有種で苔のなかで白く可憐な花を咲かせる。白谷雲水峡など標高 500m 付近でよく見られる。

固有種

ホソバハグマ

キク科 モミジハグマ属

花期:9〜10月

中山地〜高地の沢沿いでよく目にすることができる固有種。白の花びらとピンクの花柱がかわいらしい。

固有種

ヤクシマシオガマ

ゴマノハグサ科シオガマギク属

花期:8〜10月

絶滅危惧II類にも指定される島固有の高山植物。淡いピンク色の花を咲かせ、登山中でも目につく。

固有種

シャクナンガンピ

ジンチョウゲ科シャクナンガンピ属

花期:6〜8月

中山地〜高地に分布する高さ 1m ほどの常緑低木。赤紫色の花が開き、枝先に 10 枚ほど葉をつける。

ヒメコナスビ

サクラソウ科 オカトラノオ属

花期:6〜7月

標高 1600m 付近の湿原を中心に見ることができる固有変種。葉丈は 5〜10cm 程度で、黄色の花が咲く。

サキシマフヨウ

アオイ科フヨウ属

花期:7〜12月

海岸や道路沿いなどの低地でよく見られる。ハイビスカスに似た形で、白またはピンク色の花を咲かせる。

サクラツツジ

ツツジ科ツツジ属

花期:2〜6月

川岸や岩場の斜面に自生する常緑低木で低地から山間部で観察できる。島ではカワザクラと呼ばれる。

ヤクシマママコナ

ゴマノハグサ科ママコナ科

花期:8〜9月

枝先に唇型に広がったピンク色の花びらをもつ。標高 1400m 以上の登山道脇でよく見られる。

サツマサンキライ

ユリ科シオデ属

花期:12〜2月

約 7mm の果実をつけ光沢のある丸い葉が特徴。郷土菓子・かからん団子はヨモギ餅をこれで包んだもの。

ヤクシマアジサイ

ユキノシタ科アジサイ属

花期:5〜7月

低地〜低山地に生息する落葉低木で日本の固有種。葉には鋭い切れ込みがあり、白色の小さな花が集まって咲く。

ヤクシマサルスベリ

ミソハギ科 サルスベリ属

花期:6〜7月

種子島・奄美にも分布し、高さ約 20m にもなる落葉高木。小さな花が円錐型に集まり花を咲かせる。

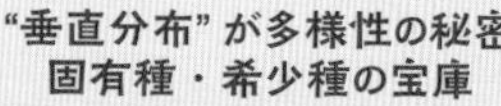

"垂直分布"が多様性の秘密 固有種・希少種の宝庫

海岸部の亜熱帯から山頂部の冷温帯まで垂直分布(→ P.56)が顕著な屋久島では、多様な植生が見られる。雨の多い恵まれた気候条件や特異な地形、地理的特性によって島には 1900 種類以上もの植物が生育しているといわれる。世界で屋久島でしか見られない固有種の数も多い。また屋久島を分布の南限とする南限種が 200 種類以上、北限種も多数生育しており、まさに植物の宝庫だ。

P.58 〜 60 までの参考資料:屋久島環境文化財団のガイド

苔ワールドを体感！

苔図鑑

森を彩る青々とした苔は700種近くに及び、日本列島にある3分の1が屋久島に集結している

ヤクシマゴケ

ヤクシマゴケ科
分布：屋久杉生育帯

水の滴る岸壁で見られ、重なり合う紅色の葉が特徴的。国内では屋久島でしか発見されていない。

ヒロハヒノキゴケ

ヒノキゴケ科
分布：照葉樹林帯〜屋久杉生育帯

杉の根元や倒木・切り株、岩上などで頻繁に目にすることができる。ヒノキゴケよりやや小さい。

オオミズゴケ

ミズゴケ科
分布：屋久杉生育帯〜ヤクシマダケ草原帯

寒冷地から温暖地まで広く分布する白緑色のコケ。植物体に体の16〜26倍もの水をためることができる。

ナガエノスナゴケ

ギボウシゴケ科
分布：照葉樹林帯〜ヤクシマダケ草原帯

長さ10cm以上もの枝をもち褐色を帯びた色味。日当たりがよい岩上に群生する様子がよく見られる。

ホウライスギゴケ

スギゴケ科
分布：照葉樹林帯〜屋久杉生育帯

日当たりの悪い急斜面に群生し、白谷雲水峡付近でよく見られる。西日本から九州にかけて分布する。

ヒノキゴケ

ヒノキゴケ科
分布：照葉樹林帯〜屋久杉生育帯

長さは5〜10cmほどでこんもりした群生をつくる。沢沿いの湿った腐木や腐植土上に生育。

ヤマトフデゴケ

シッポゴケ科
分布：照葉樹林帯〜ヤクシマダケ草原帯

1cmほどの直立した茎をもち葉は鮮やかな緑色。表面をなでると、まるで筆先に触れたような感触。

タカサゴサガリゴケ

ハイヒモゴケ科
分布：照葉樹林帯〜屋久杉生育帯

木の枝から長く垂れさがるようにして生え、長さ30cm前後まで成長する。まるで苔のカーテンのよう。

ヤクシマアミゴケ

カタシロゴケ科

現在、屋久島と沖縄本島でのみ確認されている絶滅危惧Ⅰ種の珍しいコケ。長さ2〜3cmほどで全体的に青白く、葉は筒状になっている。

ヤクホウオウゴケ

ホウオウゴケ科

絶滅危惧Ⅰ種に指定され、国内では屋久島でしか見ることができない。標高600m以上の薄暗い沢の流水中の岩上、土上に生育する。

ヤクシマタチゴケ

スギゴケ科

1936年に屋久島で新種として発見され、国内に広く分布する。湿った岩や石に生育しており、波打った葉の様子が観察できる。

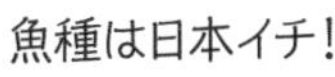

魚種は日本イチ！

海の生物図鑑

黒潮が育んだ海には多様な魚が泳ぎ、夏になればウミガメも！

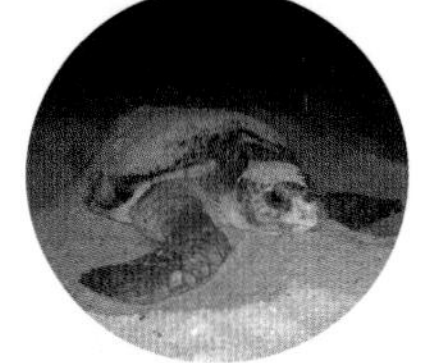

アカウミガメ

ウミガメ科アカウミガメ属
出会える時期：4月下旬〜8月上旬

体長70〜100cm。永田浜の上陸数は日本全体の30〜40%を占め、北太平洋最多。

アオウミガメ

ウミガメ科アオウミガメ属
出会える時期：4月下旬〜8月上旬

海藻などを好んで食べる草食性でアカウミガメと比べ顎が小さい。青がかった体脂肪からこの名がついた。

トビウオ

トビウオ科
漁獲時期：通年　旬：3〜5月

日本の漁獲量のおよそ7割を占める。季節ごとに異なる約10種類が年間を通して水揚げされる。

ここでしか見られない

陸の生き物図鑑

ヤクジカ・ヤクザルをはじめ
独自の進化を遂げた
屋久島の動物たちをご紹介!

ヤクザル

オナガザル科 マカク属

分布域：海岸〜山頂付近

ニホンザルの亜種で島のほぼ全域に生息する。本土のサルに比べて小柄で太くて長い体毛が特徴。

ヤクシカ

シカ科シカ属

分布域：海岸〜山頂付近

ニホンジカのなかでも最も小型の亜種とされる。口に入れた餌を胃から戻して何度も噛み直して食べる。

エラブオオコウモリ

オオコウモリ科

生息地：口永良部島

口永良部島に生息する国指定天然記念物。翼を広げると約 50cm にもなりカラスとほぼ同じ大きさ。

固有種

ヤクシマエゾゼミ

セミ科

分布域：1000 〜 1600m 付近

体長 50mm ほどの固有種で高山域に生息する。7～8月に大木で「ギー」と低い鳴き声が聞こえる。

固有種

ヤクシマオニクワガタ

クワガタムシ科

分布域：600 〜 1800m 付近

体長 16〜26mm と小型で本土のオニクワガタの近縁種。分かれた大顎が鬼の角を連想することに由来。

ヤクシマタゴガエル

アカガエル科

分布域：〜 1800m 付近

タゴガエルの亜種のカエル。体長 50mm ほどで、顎や腹部分にある黒い斑点が多く見られる。

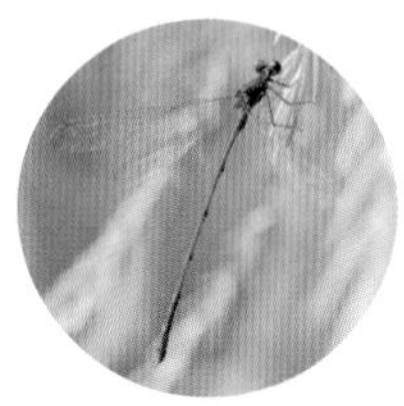

ヤクシマトゲオトンボ

ヤマイトトンボ科

分布域：200 〜 1300m 付近

日本では四国・九州にも分布する。5～8月にかけて樹林に囲まれた渓流で目にすることができる。

オオセンチコガネ

コガネムシ科

分布域：〜 1400m

表面が青緑色に輝く甲虫。ヤクシカやヤクザルの糞を食べて分解し、土に還る手助けをしている。

カラスバト

ハト科カワラバト属

分布域：里〜樹林

国の天然記念物である大型のハト。全身が黒いことからクロバトとも呼ばれるが、光を浴びると緑に輝く。

ヤクシマカケス

カラス科カケス属

分布域：里〜山地

カケスの固有亜種で山や里で見られる。肩の青い羽根が美しく、ほかの鳥の鳴き真似をすることもある。

ヤクシマヤマガラ

シジュウカラ科ヤマガラ属

分布域：里〜中山地

屋久島のみに生息するヤマガラの亜種。秋〜春は人家近くで見られ、茶褐色の羽毛が鮮やか。

固有種

ヤクヤモリ

ヤモリ科ヤモリ属

分布域：〜 400m 付近

全長 12 〜 15cm ほどの大型のヤモリ。褐色または緑がかっていることも特徴で森林地帯に生息している。

固有種

アオクチナガヒゲボソゾウムシ

ゾウムシ科ヒゲボソゾウムシ属

分布域：200 〜 1900 m付近

日本各地に生息するヒゲボソゾウムシのなかでも貴重な屋久島固有種。口が長くスギを食害するという。

本土と比べ小型化した固有種・固有亜種が特徴

かつて大陸と陸続きであった屋久島には、名前に“ヤクシマ”の名がついた固有種や亜種が多く存在する。周囲が海に囲まれた孤島は遺伝子が限定される。そのため環境に合わせ体型も適応していき、独自の進化を遂げていった。また北に比べ南に生息する動物のほうが小型化していることも特徴のひとつ。ヤクシカやヤクザルも実際に見れば、一般的な種と比較し小さく感じられるはずだ。

車で行ける
動植物の楽園

窓からの絶景も楽しもう！

ヤクザル＆ヤクシカに会える
西部林道を探検ドライブ

登山中は会えなくても世界遺産地域の西部林道では遭遇率100%。絶景も満喫できるドライブに出発！

多様な動植物と出会う 車で行ける唯一の世界遺産エリア

島の西部、栗生から永田集落までを結ぶ約20kmのドライブコース。約2割を占める世界遺産登録地域に含まれており、車で通行できるのはこのエリアだけ。コース中には海岸線の亜熱帯から山頂の冷温帯まで、植生の垂直分布が残された貴重な光景が広がる。車を走らせればあちこちでヤクザルとヤクシカの姿が目に入る。サファリパーク気分で楽しもう！

西部林道・通行のルール

① 対向車・動物に注意！
すれ違いができないほどの狭い道も多く、安全運転を心がけて。ヤクシカは突然飛び出してくる場合もあるのでゆっくりと運転しよう。

② 餌をあげない・近づかない
ヤクザル、ヤクシカに餌を与えると行動や健康面、生態系に大きな影響を及ぼす。目は合わせず、遠くからそっと観察しよう。

③ 大雨時は一部通行止めに
大雨警報の発令、また220mm／24時間の降水量がある場合は通行止めになる。夜間の運転も見通しが悪く危険なため控えよう。

ドライブへ出発！

所要時間 2時間 18km

海を眺めながらランチタイム♪

「CAFE LA PONTO」で腹ごしらえ →P.102

栗生集落にあるカフェからスタート！ 島で最も西に位置し、ここから先は飲食店や商店が永田集落までないため注意。

迫力満点！

大迫力の大川の滝を観賞 →P.55

5分ほどで島内最大規模を誇る大川の滝へ到着。滝つぼまで近づいてマイナスイオンを全身で浴びよう。

滝は駐車場から歩いてすぐの場所にある

瀬切展望所へ

駐車場が設けられた展望スペースで、車を止めてゆっくりと景色を楽しもう。

MAP P.101A1 交 安房港から車で50分 駐車場 あり

ヤクシカ＆ヤクザルが続々と！

緩やかなカーブを曲がると突如ヤクザルの集団に遭遇！ ヤクシカと仲よくくつろぐ姿にほっこり。

左／木陰で身を寄せあうヤクザル
右／ヤクシカは急に飛び出してくるため注意

海がきれい！

海に浮かぶ神秘的な岩

海岸線にそびえるピラミッド型の巨岩を発見。「立神岩」と呼ばれ、釣りを楽しむ人の姿も。

MAP P.101A1 交 安房港から車で55分 駐車場 あり

遠くには口永良部島も見える

明治からある歴史ある灯台

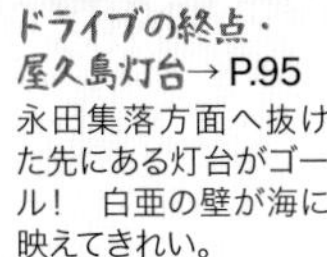

ドライブの終点・屋久島灯台 →P.95

永田集落方面へ抜けた先にある灯台がゴール！ 白亜の壁が海に映えてきれい。

Voice＜ 2024年2月現在、台風6号の影響により西部林道内の橋の一部が流失し、栗生～永田への通り抜けができない。通行止め区間は、立神岩を過ぎたカーブミラー58番から43番までの1.7km。詳細は鹿児島県のHPから確認を。

雨の屋久島も 120% 満喫！

島生まれの素材で作るクラフト体験

天候に左右されないクラフト体験は、雨の多い屋久島を楽しむためのいち押しアイデア。
屋久杉や夜光貝など島の自然を生かした作品は、忘れられない旅の思い出になること間違いなし！

宮之浦　触れて香って楽しむ、マイ箸作り

屋久杉箸づくり

思い出作りにぴったりです

屋久杉とは、屋久島で 1000 年以上もの歳月を生きた杉のこと。それぞれ色や形、木目による模様が異なり、削って磨けば世界にひとつだけの箸ができあがる。豊富な樹脂や削るたびに広がる心地よい香りは、まさに屋久杉ならではの特徴だ。一見すると箸には向かない曲がった形も味わい深く、ありのままの自然の造形を楽しみながら作ってみよう。体験は小学校低学年から参加可能。

杉の舎 仙人村
中島 政信さん

個性豊かな屋久杉のなかから自分の手にしっくりくる形を選ぼう

持ち手が太くなるよう調整しながら四面をノミで削っていく

完成！

ツヤ出しの磨き行程で一気に箸らしくなる

最後に好きな色の和紙に包んでもらい完成！

杉の舎 仙人村　MAP 折り込み③ B2　交 宮之浦港から車で 6 分　住 屋久島町宮之浦 2567-2
電 0997-42-0898　営 9:00 ～ 17:00（体験は 9:00 ～、14:00 ～、15:30 ～）　休 不定休
駐車場 あり　所要 約 1 時間　料 1980 円～　予約 必要　URL suginoya-senninmura.com

楠川　島を感じる香りに心癒やされる

和のアロマスプレー作り

島の香りをお持ち帰りするブレンドスプレー作り。まずは屋久島らしいタンカン、地杉のほか、ユズやハッカなど 10 ～ 15 種類の和精油から好みの香りをセレクトしよう。オーナー渡辺さんのアドバイスも受けつつ、決めた滴数を慎重に入れ配合していくのも体験の醍醐味。スプレーは部屋や玄関の芳香、洋服や枕など用途は幅広い。ベーシックコースは空き時間でサクッと体験したい人にもおすすめ。

お気に入りの香りに仕上がります

やわら香
渡辺 優子さん

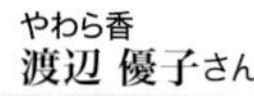

シートに書かれた特徴や自分の感覚を頼りに、好きな香りを選ぶ

屋久島の天然水の中に 1 滴ずつ精油を入れる

2 回に分け精油を入れて調整していく

香りを調整

完成！

ラベルを貼れば完成！使用期限は3ヵ月が目安

やわら香　MAP P.82A1　交 屋久島空港から車で 8 分　住 屋久島町楠川 1471-5　電 090-9795-4253
営 12:00 ～ 17:00　休 無休（月～金、祝は予約制）　駐車場 あり　所要 ベーシック約 10 分、スペシャル約 45 分
料 ベーシック 2000 円、スペシャル 5000 円　予約 ベーシック不要、スペシャル必要　URL yawaraca.jp

voice＜ 杉の舎 仙人村では、素泊まりコテージ「仙の家」も併設する。町の中心からは離れた山間にあり、木々や川の流れがより近く感じられる空間だ。薪で焚く昔ながらの五右衛門風呂も人気。料 素 5500 円～　客室数 4 室

平内　島の自然が生み出した色合いに注目

屋久島焼　陶芸体験

屋久島の土から作る新八野窯の焼き物は、"屋久島ブルー"と呼ばれる印象的な色合いが特徴のひとつ。屋久島ブルーとは、釉薬のなかに島の珊瑚を使うことで生まれた深みのある色合いのこと。体験は自由な形が作れる手びねりと、ろくろコースから選べ、初めてでもきれいな形に仕上がる。

土のぬくもりを感じてください

新八野窯
吉利 博行さん

基本的な動作を習い、まずはろくろに慣れよう。しっかりと水気を補うことで滑らかに回る

完成イメージを伝え、飲み口や大きさを調整。ひと回り大きく作ると焼成後にちょうどよい

完成！

19種から色を選び焼き上げる

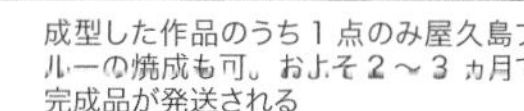

成型した作品のうち1点のみ屋久島ブルーの焼成も可。およそ2～3ヵ月で完成品が発送される

新八野窯　MAP P.101C3　交 安房港から車で30分　住 屋久島町平内630-4　電 0997-47-262　営 15:00～※相談可　休 不定休　駐車場 あり　所要 1時間～2時間30分　料 手びねり2750円、ろくろ3300円(送料別途)　予約 必要　URL yakushimayaki.com

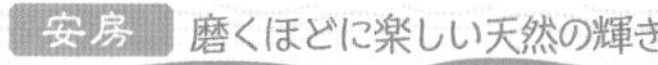

安房　磨くほどに楽しい天然の輝き

夜光貝アクセサリー作り

"屋久貝"から転じ、古くから島にゆかりのある夜光貝。磨くことで虹色に輝く性質から、ネックレスやピアス、ブローチやヘアゴムなどのパーツにぴったり。やすりをかけるほどツヤが増し、没頭して思わず時間を忘れてしまうほど。島伝説の元ガイド・すなやんのお話も楽しい。

好きなパーツで作りましょう

Uruka
砂川 聡さん、**由美**さん

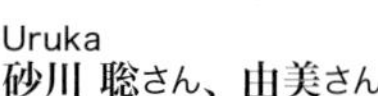

好みの形を選び、粗さが異なるやすりを順にかけ表面や側面を磨いていく。水を含ませ磨くのがポイント

完成！

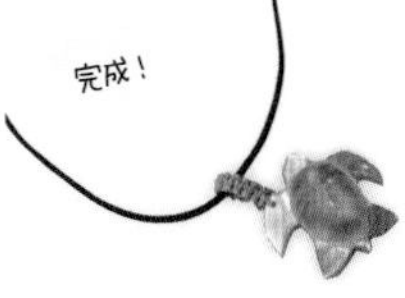

編ひもでつなぎ、かわいらしいウミガメのネックレスに！

まずは夜光貝に関するレクチャーから。光の角度によって七色に輝く

ちいさな森の工房 Uruka　MAP P.88A3　交 安房港から車で5分　住 屋久島町安房2405-255　電 0997-46-3053　営 9:00～16:00　休 不定休　駐車場 あり　所要 1～2時間　料 1時間コース2000円、2時間コース2500円　URL uruka.handcrafted.jp

まだある！クラフト体験リスト

体験名	所要時間	料金	店名	電話番号	URL
屋久杉リング磨き	1時間～	2750円～	手作りアクセサリー樹之香	090-2512-8940	www.y-kinoko.com
彫金アクセサリー	1時間～	4000円～	LEAP	なし	leap_work_shop_yakushima
草木染め体験	3時間～	3000円～	工房そらのあお	soranoao.yakushima@gmail.com	fukukyom
天然石と屋久杉のブレスレット	約30分	1980円	ぷかり堂(→P.85)	0997-43-5623	www.pukarido.com
屋久鹿レザークラフト	1時間～	2名以上の場合3200円～	ariga-to(→P.85)	080-5309-5213	ariga-to.shop
屋久杉キーホルダー・ストラップ	約30分	500円	屋久杉自然館(→P.57)	0997-46-3113	www.yakusugi-museum.com

voice＜ 今回紹介した4店はそれぞれショップも併設しており、商品の購入のみも可能。体験する時間がない場合は、おみやげを買いに立ち寄ってみるのもいいだろう。

大自然にたたずむ ディープパワースポット

神聖な空気に満たされ、自然に溶け込むように鎮座する。各集落で大切に守られてきた神社をご紹介。

左／限定御朱印は2000円（記帳代込み）、通常御朱印は500円　右／島の形をしたカラフルな絵馬

上／地杉が使われた趣のある拝殿で参拝　左／境内では縄文杉が描かれた登山守が購入できる

宮之浦

登山前の安全祈願にも

益救神社（やくじんじゃ）

島の中心部に鎮座する由緒ある神社で、感謝の念を込めて「救いの宮」とも呼ばれる。九州最高峰の宮之浦岳山頂に奥社があり、屋久島を司る神「彦火火出見尊」が主祭神。

MAP 折り込み③C1
交 宮之浦港から車で3分
住 屋久島町宮之浦277
電 0997-42-0907
営 祈祷受付時間9:00～16:00　休 無休
カード 不可　駐車場 あり

宮之浦

苔と木々に包まれた聖地

牛床詣所（うしどこもいしょ）

伝統行事「岳参り」の聖地で、かつて山に詣でた男衆を出迎えた場所。神社全体が緑に囲まれ、苔むした仁王像や石塔が神秘的な雰囲気を醸し出している。

一歩足を踏み入れるとまるで映画のワンシーンのよう

MAP 折り込み③B2　交 宮之浦港から車で10分　住 屋久島町宮之浦　電 0997-42-0907　駐車場 なし

一湊

岩場にたたずむ絶景神社

一湊矢筈嶽神社（いっそうやはずだけじんじゃ）

海を目の前にして立ち、鮮やかな鳥居とのコントラストが美しい。漁業と縁結びの神様として信仰を集め、鳥居奥の天然洞窟には祠が祀られている。

下り宮といわれる坂道を10分ほど下ると祠にたどり着く

MAP P.94C1　交 宮之浦港から車で19分　住 屋久島町一湊字八筈山2292　駐車場 あり

楠川

立派な大鳥居が立つ

屋久島大社（やくしまたいしゃ）

1977年、太宰府天満宮に模して建てられた比較的新しい神社。境内では咲き誇る植物や日本庭園も楽しめ、8月の例大祭も多くの参拝者でにぎわう。

島の製薬会社の創業者によるあつい思いから創建

MAP 折り込み③D2　交 宮之浦港から車で10分　住 屋久島町楠川590-1　電 0997-42-0225　営 8:00～17:00　駐車場 あり

楠川

穏やかな海を一望

楠川天満宮（くすがわてんまんぐう）

創建年は不明だが、菅原道真を祀る神社で学問の神様として信仰を集めている。海に向かう社殿から、航海安全のご利益もあると伝えられている。

晴れた日は空と海が一望できるロケーション

MAP 折り込み③D2　交 宮之浦港から車で10分　住 屋久島町楠川82　駐車場 あり

春牧集落にある「盛久神社」は島で唯一、屋久杉で造られた絵馬を奉納できる神社。平家の武士・平盛久が祀られている。
MAP P.88B3　住 屋久島町安房2384

わたしたちが案内します

里めぐりツアーとは?

屋久島では北から南まで全９つの集落（永田、吉田、一湊、宮之浦、楠川、安房、春牧、平内、中間）、口永良部島では本村集落でツアーを実施。所要時間は最大２～３時間で、現地集合・現地解散なので移動手段の確保に注意。

知識豊富な語り部がガイド
個性豊かな里を歩くエコツアー

屋久島里めぐりツアー

里の魅力に触れるひと味違った屋久島観光

周囲約 130km の屋久島をぐるりと囲むように点在する 24 の集落。かつては隣の集落まで船で行く必要もあったほど行き来が難しく、東西南北今なお独自の文化が残る。「屋久島里めぐりツアー」は、集落を深く知る地元のガイドと実際に歩き、歴史や文化、自然、産業を深掘りできるツアー。今回参加した吉田エリアは島の北西部に位置し、"屋久島最古"といい伝えられる集落。平家の落人が最初に上陸した伝承が残り、歴史的スポットが点在する。単に歩いただけでは見過ごしてしまうスポットまで、ディープに巡ろう。時折道行く住民とあいさつを交わし、人のあたたかさを感じられるのもツアーの醍醐味だ。

予約すればオプションで昼食を付けられる

屋久島里めぐり推進協議会 MAP P.94B2 集合場所 吉田生活館（コースにより異なる） 電 0997-42-2900 料 高校生以上 1500 円、中学生 1000 円、小学生 500 円 カード 不可 予約 3 日前までに要予約 URL www.yakushima.jp

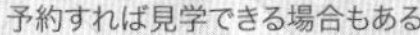

もっと知りたい!

トンボレ体験もできる

「トンボレ」とは、岩のくぼみを利用した伝統的な瀬風呂のこと。焚火で石を焼き、塩水と水を沸かして素潜り後などに入っていた。

予約すれば見学できる場合もある

吉田集落ツアー 所要時間 2~3 時間

14:00 町を見守る岡エビス様を見学

徒歩 15 分

ツアーは吉田生活館からスタート。島には豊漁の神様である浜エビス様が点在し、ここでは陸の岡エビス様が鎮座している。

集落ごとに姿形も多様

14:20 平家の落人伝承が残る日高神社へ参拝

徒歩 15 分

屋久島へ流れ着いた平家落人を祀る歴史ある神社へ。かつては周辺住民のみにしか知られていない神社だったそう。島々が見渡せ眺望もよい。

山中へ進んだ先にある

15:00 独自の景観を作り出す花崗岩の巨石群

徒歩 10 分

住宅が立つ道路の一角を歩いていると、突如巨大な石が現れる。いくつもの巨石がゴロゴロと点在し珍しい景観を作り上げている。

巨石の間を抜け奥へ進む

15:20 古くから大切に守られてきた森山神社

徒歩 5 分

平家の落人が流れついたのが神社を下った先の浜であったことから、「浜神社」とも呼ばれる。毎年吉田集落で実施する岳参りの儀式はここで行われる。

安産の神様が祀られる

15:45 太古のパワーを感じる祀りの大岩

浜辺に立つ大岩で、平家落人上陸の目印でもあった。元旦の習わしとして海水で身を浄めたあと、この大岩に合掌し神社へ参拝していたそう。

記念写真も忘れずに

voice< 島を歩いていると目を引かれるのが、色とりどりの花が供えられた墓地。日本全体で見ても鹿児島県の生花消費量は日本トップクラス。常に手入れが行き届いており、先祖を大切にする思いが強い土地であることがうかがえる。

地魚料理

地魚料理 若大将（じざかなりょうり わかだいしょう） 宮之浦

身も心も満腹必至の人気居酒屋

暖簾をくぐると大将が元気にお出迎え

益救神社通りに店を構え、開店と同時に続々と人でにぎわう屋久島きっての人気居酒屋。大将が仕入れた鮮度抜群の地魚を、刺身やにぎり、天ぷらやあら煮、お茶漬けなどで堪能できる。甲殻類の仲間で、まるで本物のカメの手そっくりの「カメノテの蒸し焼き」も島の名産だ。料理は一品一品ボリューム感たっぷりで、島外では入手困難の焼酎「愛子」をはじめ、豊富に揃う島のお酒との相性も抜群。

地魚の刺身盛り合わせ 1人前 1600円

盛り合わせは1人前から、中・大サイズまで用意。種類は日によって異なり、魚種の多さが島の豊かさを物語る。たっぷりと盛られた刺身はひと皿で大満足！

飛び込みでは入れない場合が多いので、予約してからの訪問が◎

MAP 折り込み③C1 交 宮之浦港から車で4分 住 屋久島町宮之浦79 電 0997-42-0161 営 18:00〜23:00 休 日 カード 不可 駐車場 あり

海・山・大地のおいしいものを大満喫

島の恵みを味わうレストラン

黒潮が運んだ豊富な海の幸と大自然で育った野菜、さらにはヤクシカ肉など、ここでしか食べられない料理がたっぷり。島の素材を生かした絶品料理を食べつくそう！

お野菜定食

食彩なからせ（しょくさいなからせ） 原

農家が作った彩り野菜定食

島の畑で育った野菜が食べられる農家レストラン。食事メニューは「屋久島農家のうちごはん」のみで、手作り総菜を日替わりで楽しめる。なかでも島の郷土料理「かいのこ」は集落ごとに具材が異なり、ここでは塩サバが入った味わいが特徴。もちっとした食感が楽しい郷土野菜「かわひこ」は、煮物でおいしくいただける。ていねいに盛られた総菜は、一品一品じっくりと味わいたい。

献立の説明があり、食材を知ってから食べるとよりおいしい

屋久島農家のうちごはん 1500円

ごはんに合う味つけのおかず、胡麻あえ、酢漬け、ナムル、天ぷらなど調理法も多彩な総菜は目にも楽しい。トビウオやサバなど島の名産もふんだんに使用

テーブル席の広々とした店内。席数は少ないため予約がベター

MAP P.97B2 交 安房港から車で15分 住 屋久島町原896-4 電 0997-49-3011 営 11:30〜14:00(L.O.) 休 水・木、第3日曜、12〜3月 カード 不可 駐車場 あり

voice＜ 島内の多くの飲食店や宿泊施設では、ヤクシカを専門とする精肉所「ヤクニク屋」から肉を仕入れる。解体処理施設も併設しており、鹿肉のほか、ジャーキーやインスタントラーメン、皮や角を使った製品も販売している。

肉料理

島の恵みを味わうレストラン

安房

散歩亭（さんぽてい）

悠々と流れる川を望むレストラン&バー

1975年から続く歴史ある店で、地元の子連れから観光客まで幅広い層でにぎわう。島産の山芋「屋久とろ」を使ったふわとろグラタン1100円、サバ節とオニオンスライスのさっぱりサラダ830円など、島素材を使った料理を数多く提供。窓の外には安房川が広がり、開放感あふれる景色とともに堪能したい。

左／テーブル席と店内奥にはジャズバースペースも　右／自家製酵素ドリンクも人気

MAP P.88B3　交 安房港から車で3分　住 屋久島町安房2364-17　電 0997-46-2905　営 17:30～翌0:00（フードL.O.23:00）　休 日　カード 可　駐車場 あり

小瀬田

イルマーレ（いるまーれ）

島生まれの食材とイタリアンが融合

こだわりの味をご賞味あれ

屋久島空港にほど近いイタリアンレストランで、目の前には海と滑走路を望む絶景が広がる。ヤクシカや地魚、原木シイタケなど、島ならではの食材を使ったピッツァとパスタが人気。チーズやオイルなどは本場イタリア産にこだわる。ぷっくりとした耳が特徴のナポリピッツァはぜひ味わいたい。

カウンターとテーブルのほかテラス席も併設し、晴れた日は遠くまで一望できる

MAP P.82C2　交 屋久島空港から徒歩2分　住 屋久島町小瀬田815-92　電 0997-43-5666　営 11:30～15:00(L.O.14:00)、18:00～21:00(L.O.20:00)　休 水・木　カード 可　駐車場 あり

れんが屋（れんがや）

安房

新鮮な肉を心ゆくまで味わいつくす

希少部位とされるハツ、タン、フィレをはじめとしたヤクシカが堪能でき、島のブランド牛・縄文牛が食べられるのもここだけ。ほかにも九州産の黒毛和牛、鹿児島産黒豚などこだわり抜いた肉を揃え、サイドメニューも充実のラインアップ。甘辛いたれと絡んだとりめし770円は、地元民にも定番の一品だ。

広々とした店内は席数も豊富だが、特に夜は予約してから訪れよう

MAP P.88C2　交 屋久島町安房410-74　住 安房港から徒歩5分　電 0997-46-3439　営 17:00～21:00(L.O.)　休 水、第3火曜　カード 可　駐車場 あり

れんが屋で提供する「縄文牛」は、2023年に生まれた島のブランド牛。出産を終えた経産牛に島名産の柑橘類や焼酎の搾りかすを使った飼料を与えるなど、環境保全にも取り組んでいる。胃もたれせず、あっさりとした味わいの肉質が特徴だ。

のどかな景色とひと休み
海と緑に浸る島カフェ

窓いっぱいに広がる海や緑は、島ならではの贅沢な景色。穏やかな島時間を心ゆくまで満喫できる５店をご案内。

シーサーシーサー（しーさーしーさー） 平内

コーヒーでほっと落ち着くひとときを

赤い建物が目印で、かわいらしいお手製シーサーの陶芸がお出迎え。こぢんまりとした店内だが、窓からたっぷりと日差しが降り注ぎ開放的な雰囲気だ。退職後に技術を学んだというオーナーが、じっくり豆から挽いて入れるドリップコーヒーがいただける。アイスクリームは、庭の畑で取れたフルーツを使用した素材から手作りの一品。テラス席に座れば、遠くに海や島々を一望する景色が広がる。穏やかな時間が流れる空間で、コーヒー片手にゆったりと午後のひとときを楽しんで。

シーサーシーサー
松本勝さん、しづ江さん

1ブレンドコーヒー 450円、アイスクリーム 600円、冬はぜんざいも販売する　2店内では手作りのシーサーや小ブタの陶芸品も販売　3南国の雰囲気が漂う庭ではさまざまなフルーツが実る　4店内・店外いたるところにシーサーが飾られ、見つけるたびに思わずほっこり

MAP P.101C3　交 安房港から車で28分　住 屋久島町平内319-180　電 0997-47-3155　営 13:00〜17:00　休 月〜水（祝日は営業）　カード 不可　駐車場 あり

【ne-】Plant-based Cafe & Act（ね ぷらんと べーすと かふぇ あんど あくと） 安房

心も体も満たす植物由来のフード&ドリンク

木々に覆われるようにひっそりとたたずみ、一歩足を踏み入れると四方に緑を望む気持ちのよい空間が広がる。店で提供する料理・ドリンクは、動物由来の原材料を使用しないプラントベースのもの。島で育った野菜や果物も積極的に取り入れ、料理も地杉で造られたプレートで提供する。人気メニューは、色とりどりの旬野菜とこだわりの総菜が盛られたブッダボウル 1280円。一つひとつ食感や味つけが異なり満足感たっぷり。食後のデザートまでじっくり味わいたい。

1島バナナとカカオのマフィン 450円、島産のグアバや生姜を使用した、グアバジンジャー 550円　2荒川登山バスが発車する屋久杉自然館からすぐ　3テイクアウトも可能

木々に包まれてランチをどうぞ

MAP 折り込み④C2　交 安房港から車で9分　住 屋久島町安房2739-343
営 11:00〜17:00　休 月〜水、臨時休業あり
カード 可　駐車場 あり

【ne-】Plant-based Cafe & Act 丸山悟さん（右）、まみさん（左）

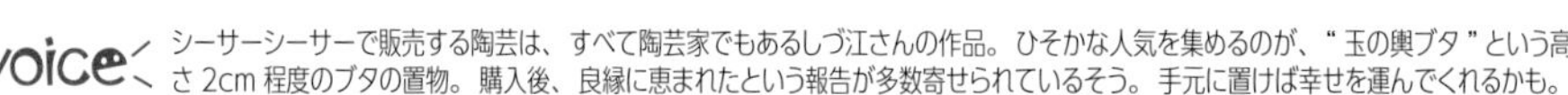
voice＜ シーサーシーサーで販売する陶芸は、すべて陶芸家でもあるしづ江さんの作品。ひそかな人気を集めるのが、"玉の輿ブタ"という高さ 2cm 程度のブタの置物。購入後、良縁に恵まれたという報告が多数寄せられているそう。手元に置けば幸せを運んでくれるかも。

mori café STAND
田村 麻衣子さん

もりかふぇすたんど
mori café STAND 小瀬田

カラフルな壁が目印の飛行機も見られるカフェ

空港そばに立ち、海と滑走路のダイナミックな景色が一望できるカフェ。タイミングがよければ離着陸の風景も間近で楽しめる。メニューはカレー、丼もの、ハンバーガーなど充実のラインアップで、スイーツやドリンクも提供。県道沿いにあるため、気軽にテイクアウトできるのもうれしい。

1オムカレー 760円、チョコバナナパフェ 880円 2海をバックに飛行機が飛び立つ様子は迫力満点 3時間を問わず焼菓子などが購入できる自動販売機を設置

MAP P.82C2 交 屋久島空港から徒歩10分
住 屋久島町小瀬田826 電 090-8820-9416
営 11:30～16:00 休 水・木、臨時休業あり
カード 可 駐車場 あり

やまがらや
やまがら屋 宮之浦

旬の島素材を手作り定食ランチで味わう

白谷雲水峡の麓にあり、木を基調とした居心地のよい店内。旬の食材を使ったおかずやうどん、手作りのデザートが人気を集める。定食に使われる総菜は週替わりで提供しており、島の伝統野菜・かわひこを使った「もち芋コロッケ」など、工夫を凝らした一品がいただける。

1白谷雲水峡へと続く道のりに立つ 2屋久島茶風味のできたて本葛餅 400円 3やまがら定食 1200円は売り切れる場合が多いので要予約

MAP 折り込み③B2 交 宮之浦港から車で7分
住 屋久島町宮之浦2204-13 電 090-1517-9892
営 12:00～16:00 休 水～金 カード 不可 駐車場 あり

しーあんどさん
Sea&Sun 永田

テラス席から美景海岸を見渡す

島の北西部・永田集落に位置するカフェで、ドライブの途中に立ち寄るのもおすすめ。カウンターとテーブル席があるテラスからは、東シナ海に浮かぶ口永良部島を見渡す絶好の眺めが広がる。グリーンカレー、ロコモコなどフードメニューも充実。気持ちのよい風が吹き抜け、リラックスできる空間だ。

1ほどよい辛さでコクを感じるグリーンカレー 1150円 2手入れされた庭には鮮やかな花が咲く 3店内にはオーナーの趣味で集められた書籍や写真集、小物類が並び思わず長居してしまいそう

MAP P.94B2 交 宮之浦港から車で25分 住 屋久島町永田212
電 0997-45-2333 営 11:30～15:00 休 水・木 カード 不可
駐車場 あり

voice< 2023年で5回目を迎えたイベント「屋久島カフェ巡り」。観光客の少ない冬季に実施され、スタンプを集めるとさまざまな商品がゲットできる。参加店をチェックし、オリジナルシート片手に巡ってみよう。 cafe_hopping.yakushima

名水で仕込む極上の一杯

焼酎の二大蔵元探訪

島内外問わず人気を集める本格焼酎

三岳酒造（みたけしゅぞう）

安房

屋久島を代表する焼酎「三岳」を手がける酒造で、1958年に現在の商号で創業。島に根づく山岳信仰から、宮之浦岳・永田岳・黒味岳の3つの山をとってその名がついた。どの家庭でも必ず常備しているほど、島民にとってはなじみ深い「三岳」。島外にもファンが多く、おみやげにも喜ばれる一品だ。まろやかですっきりとした味わいが特徴で、飲み慣れていない人にもおすすめ。

MAP 折り込み④C2　交 安房港から車で9分　住 屋久島町安房2625-19　電 0997-46-2026　営 見学は要予約（～5名まで、販売は不可）料 無料　駐車場 あり

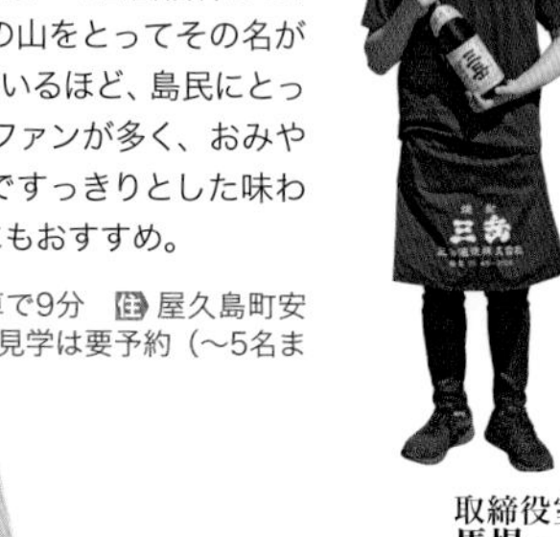

おみやげにもおすすめです

取締役室長
馬場 一善さん

ここで買えます！

愛子マート →P.86

1999年から「愛子」をプライベートブランド商品として販売。電話注文の場合半年以上かかるレア商品だが、ここに行けば手に入る。

上／ペットボトル入りや愛子グラスなど限定商品も多数　下／店舗裏に名前の由来である愛子岳がそびえる

三岳25度

屋久島限定

200ml、360ml 25度

1800ml／900ml 25度

屋久島で90％以上のシェアを占める看板商品でやわらかな飲み心地が魅力。ペットボトルサイズは島内限定で販売。

三岳原酒39度

720ml 39度

「三岳」の蒸留後一切割水せず原酒のまま瓶詰めしており、力強い風味が特徴。アルコール度数も39度と高め。

やくしま35度

屋久島限定

720ml 35度

創業当初よりおみやげ用として販売されている歴史ある商品。アルコール度数が35度なので原酒よりもやわらかい味わい。

愛子25度

1800ml／900ml 25度

「愛子岳」にちなんで名づけられ、ほぼ地元でしか流通していない希少なブランド。優しい口当たりで飲みやすい。

焼酎ができるまで

シーズンは9～12月

① 麹づくり

三岳酒造では相性のよいタイ米を使い、2日かけて麹を造る。気温や湿度、原料により違いが出る重要な工程のひとつ。

② 一次仕込み

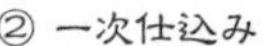

麹に酵母と水を加え一次もろみを造り、6日間かけ酵母を増やす。そのためにタンクを混ぜる櫂入れは櫂棒を使い手作業で行う。

③ 二次仕込み

ほのかに漂う芋の香り

一次もろみに水とサツマイモを加え、二次もろみを造り、7日間かけて発酵させていく。気泡が立つ様子から、アルコール発酵が活発であることがわかる。

芋処理

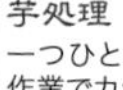

一つひとつ手作業でカット・選別を行い蒸し器の中へ。三岳酒造では質の高い種子島産包丁を使用する。

④ 蒸留

二次もろみを沸騰させるとアルコール分が蒸気となる。冷却することで原酒を取り出す。

⑤ 貯蔵・熟成

熟成を経てまろやかな味わいの焼酎になる。

⑥ 割水

新酒と古酒をブレンドし味を安定させ、島の超軟水で割りアルコール度数を調整する。

⑦ 瓶詰め

完成！

何度も人の目で確認しながら、機械によって次々と充填されていき焼酎が完成する。

voice　焼酎「愛子」が販売開始したのは1999年。発売当初、実はあまり売れ行きがよくなかったそうだが、2001年に愛子様が誕生されたことで一躍有名に。誕生の際には「愛子」が献上されたことで、注目を集めた。

超軟水と呼ばれる軟らかな水が基盤となり、仕込まれる屋久島の焼酎。島外の水で割れば風味が変わるともいわれ、まさにここだけの特別な一杯だ。島の蔵元を訪ね、酒造見学へ行ってみよう！

伝統の甕壺で仕込む手造り焼酎

本坊酒造 屋久島伝承蔵（ほんぼうしゅぞう やくしまでんしょうぐら） 安房

1872年に鹿児島で創業。1960年から屋久島で焼酎造りを始め、現在では山梨県、長野県にも製造場を構える。梅酒やワイン、ウイスキーなどを幅広く手がけ、土地の風土を生かした酒造りがこだわり。なかでも本格芋焼酎「水ノ森」は島内産サツマイモ・白豊を使った人気の銘柄だ。代々受け継がれてきた希少な和甕が蔵付き酵母を育み、独自の味わいを生み出している。

MAP P.88B3 交 安房港から車で5分 住 屋久島町安房2384 電 0997-46-2511 営 9:00～16:30（最終受付16:00）、見学は要予約 料 無料 駐車場 あり

伝統の製法で仕込んでいます

所長 田中 智彦さん

ショップも併設

併設したショップでは一部を除いて試飲することも可能。島の商店にはなかなか並ばない種類も取り扱っているため、チェックしてみよう。見学はせずショップのみの利用もOK。

上／名産のタンカンを使ったリキュール「屋久島たんかん酒」1426円 下／迷ったら相談して選ぼう

水ノ森

屋久島限定

720ml
1663円
25度

白色の実と皮をした島内産サツマイモ「白豊」を100%使用。さわやかな柑橘系の香りとやわらかい口当たりが特徴的。

屋久島 大自然林 芋

720ml
1663円
25度

鹿児島産のサツマイモを使い、白麹で仕込む。まろやかな芋の風味が特徴でストレートやオンザロック、水割りがおすすめ。

屋久島 大自然林 麦

720ml
1640円
25度

鹿児島産の大麦で仕込み、麦本来の深くてやわらかい香ばしさ、まるでカカオや蜜のような濃厚な味わいも楽しめる。

原酒 屋久杉

720ml
3611円
37度

甕の中でじっくりと仕込まれ、一切の水を加えず造られた焼酎。原酒ならではの深い味わいが口の中に広がる。

酒造見学へ

① 昔ながらの手造り麹室へ

昔ながらの麹室の中で人の手により丹念に製麹。品質に関わる室内温度の調整は自然換気で行い、人の手と五感で見極めている。

② 代々受け継がれる甕壺で仕込む

蔵には床一面に甕壺がずらりと並び、一次仕込みと二次仕込みの過程を見学できる。甕の中でフツフツと発酵する様子や香りを間近で楽しめる。

③ 蒸留機からはできたての焼酎が！

焼酎製造見学の最後には、蒸留を経て抽出された焼酎を見ることができる。見学後は試飲できるショップへ向かおう。

島内産の芋も使用

島内産サツマイモを使用しており、自社農園では一部品種の栽培にも取り組んでいる。

380樽以上のウイスキーが！

ウイスキーエージングセラーも見学可

長野や鹿児島で製造されたウイスキーの一部を熟成するエージングセラー。四方を海に囲まれた島の風土による熟成により、ほかの地域とは異なる味わいが生まれる。

voice＜ 島の水とサツマイモを使った「水ノ森」は、2011年に島内限定で販売を開始。屋久島の軟らかい水と島内産サツマイモ「白豊」で造られ、華やかな香りで味わいもフルーティ。ラベルデザインは島在住の画家・高田裕子さん（→P.113）が手がけた。

日本一早い新茶はここから

こだわりの屋久島産茶葉を味わう

実は屋久島は、日本で最も早く摘み取りが始まる知られざる茶葉の産地。
有機栽培に取り組む茶園も多く、各店が作り出す特別な味わいを試してみて！

島のほとんどが山に囲まれているため、寒暖差が激しくお茶栽培に最適

日本一早い“大走り新茶”

茶の生産量が全国第2位を誇る鹿児島県。八十八夜より前に摘まれた旬前の新茶は“走り”と呼ばれるが、屋久島で生産されるのはさらに早い“大走り新茶”。種子屋久地方は新茶の生産が最も早く、3月末～4月にかけて摘み取りが始まる。少量生産のため希少価値も高い。

上／摘み取りされた生葉は加工され緑茶や紅茶になる　下／大走り新茶はコクがある濃い味わいが特徴

島の恵みを生かしたお茶づくり

温暖な気候と十分な降水量はおいしいお茶づくりには欠かせない条件。屋久島は年平均気温が20℃前後かつ、雨量も豊富なため栽培には最適な条件が揃っている。さらに昼夜の大きな寒暖差も茶葉にうま味や香りをもたらしている。島では30～40年前から本格的な栽培が始まった。

茶畑は北東部に多く、寒暖差が激しい山の斜面を利用している

屋久島茶を使った多彩なスイーツ

茶葉は収穫後、緑茶や紅茶、ウーロン茶などさまざまな種類へ加工される。良質な渋みと深みのあるうま味はお茶としてはもちろん、食べ物にしても味わいが引き立つ。島の各店では屋久島産茶葉をふんだんに使ったスイーツを提供。フィナンシェなどの加工品はおみやげとしても買っていきたい。

お茶スイーツ大集合！

屋久島茶ソフトクリーム
八万寿茶園で販売。有機緑茶を贅沢に使った濃厚な味（300円）。

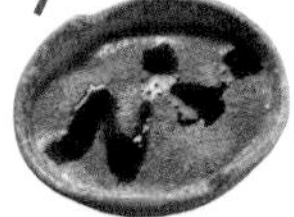

豆腐の屋久島茶クリームぜんざい
小豆と豆腐の白玉入りで、抹茶味の温かい豆腐クリームがとろける。
サロン湯の峯（→P.99）

ジェラート
ミルクをベースに屋久島茶葉の深みとさわやかな香りが感じられる。
屋久島ジェラートそらうみ（→P.98）

バターサンド

たっぷりのバターは優しい味。工房ゆくりで製造され、八万寿茶園でも購入可（400円～）。

本葛餅
本葛100%の葛粉に緑茶が練りこまれ、お茶の風味が楽しめる。
やまがら屋（→P.69）

voice< 屋久島で初めてお茶が作られたのは1902年のこと。静岡出身の初代郡長が屋久島と種子島が茶栽培に適していると説いたことが始まりとされている。初めに種子島で茶畑が開拓され、その後屋久島でも栽培されるようになった。

はちまんじゅちゃえん
八万寿茶園 小瀬田

急須で飲む緑茶からスイーツまで

当初は原野であった広大な土地を開墾し、1985年からお茶作りを始める。農薬や化学肥料は一切使わない有機栽培を軸に、併設のショップでは茶葉のほか、茶そばや茶菓子なども販売。現在は二代目により、パッケージにもこだわったバラエティ豊かな商品を展開している。

おみやげにも自宅用にも最適なこだわりの茶葉

1

2

八万寿茶園　二代目
渡邉 桂太さん

無農薬栽培のため、茶木に虫が発生したり雑草が生えたりした場合も、一つひとつ手作業で取り除きます。大量生産はあえて行わず、自然の恩恵を生かした茶葉を楽しんでください。

3

1 左上から微粉末緑茶「縄文の精」1080円、「有機屋久島茶」540円、上質な一番茶のかぶせ茶「有機屋久島茶」1080円、「お茶屋さんがひそかに飲むお茶」864円、オーガニックほうじ茶、緑茶、紅茶各486円 2 マイボトル持参でドリンク割引あり 3 空港そばで立ち寄りやすい

MAP P.82C3　交 屋久島空港から車で3分　住 屋久島町小瀬田532-24　電 0997-43-5330　営 8:30～17:00　休 無休、臨時休業あり　カード 不可　駐車場 あり

しらかわちゃえん
白川茶園 志戸子

島素材を生かした独自のブレンドティー

1986年から有機にこだわったお茶栽培を開始。緑茶やウーロン茶のほか、島の植物や果実を紅茶と掛け合わせたブレンドティーも豊富に販売する。月桃、ウコン、シナモン、タンカンなど自社畑で育てられた素材も多く、茶葉と引き立て合い豊かな風味が味わえる。

1

2

香り高い風味を味わう種類豊富なブレンド茶

1 ブレンドに使う果物を栽培 2 左上から時計回りに「屋久のプーアル茶」1720円、「屋久の紅茶とシナモン」1396円、「屋久のみどり」1396円、「屋久のべにふうき」2260円、「屋久の紅茶とたんかん」1396円 3 茶葉の状態に合わせて自社工場で製造まで行う

3

MAP P.94C1　交 宮之浦港から車で13分　住 屋久島町志戸子858-13　電 0997-42-1333　営 9:00～17:30　休 不定休　カード 不可　駐車場 あり

白川茶園
白川 滿秀さん

島でお茶栽培を始めてから40年以上、当初から有機栽培に取り組み、島の恵まれた自然環境を大切にして茶葉を作っています。ブレンドティーは1～2年ペースで新作も開発しているので、ぜひ味わってみてください。

voice< 島には約16のお茶の生産農家があり、茶栽培は重要な産業のひとつとして位置づけられている。おみやげ処以外にスーパーの茶葉コーナーでもさまざまな種類が陳列されているため、立ち寄ってみるのもおすすめだ。

ここにしかない美景に浸る

島時間へ誘う癒やしの宿

海、川、山を望む隠れ宿、屋久杉を使った宿など、屋久島らしい空間で非日常を堪能するひとときを。

大自然に包まれる極上のリゾート

麦生

sankara hotel & spa 屋久島（さんから ほてるあんどすぱ やくしま）

海を望む高台に立つラグジュアリーリゾートホテル。亜熱帯雨林が茂る島の南部に位置し、外の世界から切り離されたような静寂の空間が広がる。趣向を凝らした全7タイプの客室のほか、プールやサウナも設置されており、すべてが海や森林を一望する絶景ビューだ。予約直後から滞在のサポートをしてくれる細やかなサービスも充実。

MAP P.97C1 交 安房港から車で25分
住 屋久島町麦生553 電 0800-800-6007
営 in15:00／out12:00 料 朝夕4万8000円～
客室数 29室 カード 可 駐車場 あり
URL www.sankarahotel-spa.com

ここが癒やし

レストランOKAS

島で収穫した旬の素材や地元九州産の食材をふんだんに使用。独自にアレンジしたフレンチフルコースが自慢だ。

空いていれば食事のみの一般の予約も可

1刻々と変わる景色と海を見渡すインフィニティプール 2プールサイドサウナでトレッキング後の疲れもリセット 3緑広がる開放的な雰囲気のヴィラタイプ

深呼吸したくなる新緑の宿

ロッジ 八重岳山荘（ろっじ やえだけさんそう）

宮之浦

白谷雲水峡へと続く森の中に立つ静かなコテージ。ロッジ奥には宮之浦川の清流が流れ、各部屋に付いたテラスからは、川のせせらぎとともに緑の風景美が堪能できる。食堂棟まで続く回廊はまるで森を歩いているかのようで開放感たっぷり。杉見風呂や川見風呂など異なる眺望を望める風呂場もあり、今後はサウナも増設される予定。

MAP 折り込み③B2 交 宮之浦港から車で5分
住 屋久島町宮之浦2191 電 0997-42-1551
(9:00～18:00) 営 in16:00／out10:00
料 素6800円～ 客室数 10室 カード 可
駐車場 あり URL yaedake.jp/lodge/index.html

ここが癒やし

宮之浦川で川遊び

宿の下には広大な宮之浦川が流れており、無料でカヌーの貸し出しも実施。3日前までの予約でバーベキューも楽しめる。

夏場は水着を持ってきて泳いでも気持ちいい

1緑の回廊を歩いて各棟へ 2和室・洋室など部屋タイプはさまざまで、どれも木のぬくもりを感じる空間 3木々に囲まれてリラックスできるテラス

voice 旅の目的によって宿泊エリアを考えれば、移動時間を短縮でき効率よく旅が楽しめる。例えば白谷雲水峡なら宮之浦、縄文杉・ヤクスギランドなら安房がアクセス良好。ウミガメ観察やダイビングが目的なら、北の永田や一湊がおすすめだ。

屋久杉に囲まれて泊まれる宿　一湊

屋久杉楼七福
やくすぎろうしちふく

1928年に建てられた旅館を改装し2020年に開業。今では希少となった総屋久杉の天井、欄間、柱など随所に歴史の名残を感じることができる。2階まですべて個室になっており、1階の共用スペースに集まり宿泊者同士で交流するのも楽しい。

1重厚感のある天井や柱はまるで芸術品のよう　2共用スペースにはオーナー手作りの一湊マップもある

MAP P.94C1　交 宮之浦港から車で15分　住 屋久島町一湊2287-4　電 090-7928-7649　営 in16:00／out10:00　料 素5000円～　客室数 5室　カード 可　駐車場 あり　URL www.yakusugiroushichifuku.com

川を眺めてのんびりステイ　安房

水明荘
すいめいそう

風情ある家々が並ぶ通りの一角にたたずみ、民宿としては島で最も歴史が長い。安房川が一望できる絶好のロケーションに立ち、かつて宮崎駿監督もリピーターで訪れたという。手入れが行き届いた和室と洋室を備え、長期滞在にもうってつけ。

1夜は星空もきれい　2ロビーには宮崎駿監督のサインが並ぶ　3安房川を望む食堂では島の食材を使った女将手作りの料理がいただける

MAP P.88B2　交 安房港から車で5分　住 屋久島町安房1　電 0997-46-2078　営 in15:30／out10:00　料 素4400円～、朝夕7480円～　客室数 10室　カード 可　駐車場 あり　URL www.suimeisou-yakushima.com

アクセス抜群の海沿いホテル　宮之浦

THE HOTEL YAKUSHIMA OCEAN＆FOREST
ざ ほてる やくしま おーしゃんあんどふぉれすと

宮之浦港すぐそばにある海を望む絶景宿。本館・新館・別邸の3つの施設があり、なかでも2018年にオープンした別邸「波音日和」は、全室オーシャンビューのモダンな客室が人気だ。夕食では新鮮な島素材を使った会席料理がいただける。

1部屋タイプは和室・洋室・和洋室を用意　2絶崖に立ち浴室からも海が見渡せる

MAP 折り込み③B1　交 宮之浦港から徒歩5分　住 屋久島町宮之浦1208-9　電 0997-42-0175　営 in15:00／out10:00　料 朝夕1万6500円～　客室数 80室　カード 可　駐車場 あり　URL www.hotel-yakushima.com

雄大なモッチョム岳を一望　尾之間

四季の宿 尾之間
しきのやど おのあいだ

モッチョム岳がそびえる迫力の景観が眺望できる。露天風呂が付いた和・洋室のほか、長期滞在にも最適なキッチン付きコテージとコンドミニアムを備える。素泊まり宿だが、予約制で朝は軽食が楽しめ、夕食も宿まで配達してもらえる（別料金）。

12モッチョム岳が一望できるデッキ　3 2023年にオープンした木を基調としたコテージ。デッキからは海も眺められる

MAP P.97B2　交 安房港から車で25分　住 屋久島町尾之間642-15　電 0997-47-3377（7:00～21:00）　営 in16:00／out10:00　料 素7900円～　客室数 10室　カード 可　駐車場 あり　URL www.shikinoyado.com

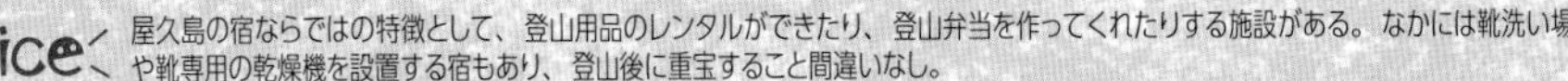
voice＜ 屋久島の宿ならではの特徴として、登山用品のレンタルができたり、登山弁当を作ってくれたりする施設がある。なかには靴洗い場や靴専用の乾燥機を設置する宿もあり、登山後に重宝すること間違いなし。

手つかずの自然が残る秘島

雄大な活火山を抱く口永良部島(くちのえらぶじま)へ

唯一屋久島から船が出る口永良部島は、国立公園とユネスコエコパークの両方に認定された珍しい島。"水の島・屋久島"に対して"火の島・口永良部島"とも呼ばれるさらなる秘境へ。

スローな暮らしを体感 あるものだけで豊かになれる島

屋久島からフェリーに乗り1時間40分、北西へ約12km進んだ先に独特のひょうたん型をした島が見えてくる。約50万年前の噴火により生まれた火山島・口永良部島だ。集落はフェリー乗り場のある本村(ほんむら)、さらに奥にある湯向(ゆむぎ)のふたつがあり、約100人の島民がまるで家族のように暮らしている。島にそびえる活火山・新岳は今も噴火活動を続ける一方、「緑の火山島」の異名がつくほど、さまざまな動植物が生息する自然豊かな島。活火山の恵みで豊かな海や大地が育まれ、効能豊かな温泉や1年を通して堪能できる海・山の幸が魅力。飲食店や観光施設はないが、町を歩くだけで生命力あふれる島の姿を体感できるはずだ。

エラブのあそび方3か条

1 レンタカーは1台のみ。持ち込みも検討しよう

本村集落のみの散策なら徒歩だけでも回れるが広く移動するなら車は必須。島内では原付と車、各1台ずつ貸出可。

ガソリンスタンド 畠商会 MAP 折り込み⑥ C1 交 口永良部港から徒歩10分 住 屋久島町口永良部島588 電 0997-49-2281 営 9:00～12:00、13:00～17:00 休 土・日・祝

2 宿・食事・アクティビティは事前に予約 & 確認

食事付きか素泊まりか、昼食の用意は可能かなど含めて宿は早めに予約しよう。土・日は商店が閉まるため注意。

3 万が一の噴火に備える

新岳が最後に噴火したのは2015年のこと。立ち入り禁止区域や避難経路・避難所を知っておくことが大切だ。

エラブの生き物

ヤギ

おもに島の西側に野生化したヤギが生息。警戒心が強く車が見えるとすぐに逃げる。

エラブ オオコウモリ

国の天然記念物に指定されており、本村には観察できる木に看板がかけられている。

こんなもの食べられます

イセエビ

海の幸が豊富で特にイセエビは頻繁に食べられる。9～4月にかけて漁を行う。

大名竹

島の名産のタケノコで、あく抜きの必要がなくそのままでも食べられる。

口永良部島へのアクセス

快適な船旅を楽しめる!

屋久島宮之浦港～口永良部港間を1日1便フェリーが出航。自動車航送は事前予約を。悪天候による欠航も多く屋久島町HPから運航状況がわかる。

屋久島を偶数日発、奇数日着が長く滞在可能

フェリー太陽II時刻表(運賃2140円)

	宮之浦港		口永良部港
偶数日	8:00 発	→	9:40 着
	12:00 着	←	10:20 発
奇数日	13:00 発	→	14:40 着
	17:00 着	←	15:20 発

上／2021年完成の新船で中は広々快適な空間
下／エスカレーターがあり楽に荷物を運べる

voice 2024年2月現在の噴火警戒レベルは3で入山規制がかかっている。緊急時に役立つ「YAMAP」のアプリでは、噴火時の避難経路や避難所などを案内。観光情報もわかるため、島に入る前にダウンロードしておくと安心。

温泉

源泉かけ流しの４つの温泉が点在し、湯治で訪れる人も多いという泉質・効能豊かな秘湯だ（修理中により使用不可の場合もあり）。

湯向温泉（ゆむぎ）

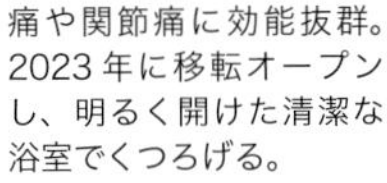

フェリー乗り場から離れた口永良部の奥地、湯向集落にある温泉。温泉成分が凝縮された湯の花が浮かぶ良質な湯は、神経痛や関節痛に効能抜群。2023年に移転オープンし、明るく開けた清潔な浴室でくつろげる。

MAP 折り込み⑤D2　交 口永良部港から車で40分　住 屋久島町口永良部島1739-2　営 14:00～20:00　料 無料

本村温泉（ほんむら）

鉄分を豊富に含んだ褐色の湯が特徴。2008年に完成した温泉施設で、湯につかりながら新岳をはじめとする山々を一望することができる。美しいサンセットも必見。

MAP 折り込み⑥B1　交 口永良部港から徒歩10分　住 屋久島町口永良部島542　営 16:30～19:30　休 月　料 入浴料350円、学生200円、子供150円

絶景スポット

「口永良部島八景」として選定されている海や山の絶景が楽しめる。車でフォトスポットを巡ってみよう。

寝待の立神（ねまちのたてがみ）

巨大な岩礁が海から立ち上がる大迫力の光景。岩下は温泉が噴出する海中温泉になっている。

MAP 折り込み⑤C1　交 口永良部港から車で30分　住 屋久島町口永良部島

「寝待温泉」すぐそば（2024年２月現在入浴不可）

番屋ヶ峰（ばんやがみね）

なだらかな稜線が美しい

噴火時の避難シェルター近くの高台にあり、海を一望できる。

MAP 折り込み⑤B1　交 口永良部港から車で20分　住 屋久島町口永良部島

新村（しんむら）

波で削られた荒々しい海岸線が広がり、海と緑のコントラストが見事。

MAP 折り込み⑤B1　交 口永良部港から車で20分　住 屋久島町口永良部島

切り立った崖が印象的

本村集落町歩き

島の中心部を徒歩でのんびり散策するのも楽しい。３日前までの申し込みで里めぐりツアー（→ P.65）の参加も可能！

山の神が祀られた「金峯神社」

金峯神社　MAP 折り込み⑥ C1　交 本村港から徒歩 13 分　住 屋久島町口永良部島1739-2

釣り・スノーケル

黒潮に囲まれた豊かな海には多様な魚、珊瑚、ウミガメが生息する。スノーケルは観光案内所で貸し出し可、瀬渡し・遊漁船は予約をすれば利用できる。

ショップリスト

商店は本村集落に２軒あり、入荷によるが土・日はどちらも開いていないため注意。

くちのえらぶ商店

島内で食料品、生活雑貨が手に入る唯一の店で、臨時入荷する場合もあるため営業日はHPをチェック。限定のおみやげ品も販売する。

MAP 折り込み⑥B1　交 口永良部港から徒歩5分　住 屋久島町口永良部島527　電 0997-49-2211　営 9:00～12:00、14:00～18:00　休 土・日・祝（入荷日による）　カード 不可　駐車場 なし

URL kuchinoerabu.shopinfo.jp

渡辺商店

焼酎「三岳」などの酒類、たばこを中心に販売する。食料品はないため、お隣の「くちのえらぶ商店」か「港のとと屋」へ。

MAP 折り込み⑥B1　交 口永良部港から徒歩5分　住 屋久島町口永良部島527　電 0997-49-2244　営 9:00～12:00、13:00～17:00　休 土・日・祝　カード 不可　駐車場 なし

港のとと屋

2024年にオープン。島の名産である大名筍や、イセエビなどの海の幸を使ったお弁当と加工品を製造・販売している。

MAP 折り込み⑥B1　交 口永良部港から徒歩5分　住 屋久島町口永良部島372　電 080-6866-1106　営 9:00～17:00（お弁当は要予約）　休 不定休　カード 不可　駐車場 なし

口永良部島 観光案内所

フェリー乗り場のすぐそばにあり、観光情報パンフレットや島内限定グッズなどが手に入る。ただし営業日は平日のみなので注意。

MAP 折り込み⑥B1　交 口永良部港から徒歩3分　住 屋久島町口永良部372　営 9:00～11:00（偶数日）、14:00～16:00（奇数日）　休 土・日・祝

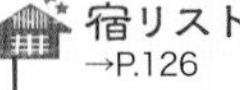

宿リスト

→P.126

全６ヵ所の宿があり事前予約は必須。日程に余裕をもって空き状況を聞いてみよう。

voice< 口永良部八景のひとつである「新村」の周辺はかつて新村集落があった場所。明治維新の直後に永吉島津家の最後の領主によって開拓され、現在もその面影を見ることができる。

屋久島
島人インタビュー 3
Islanders' Interview

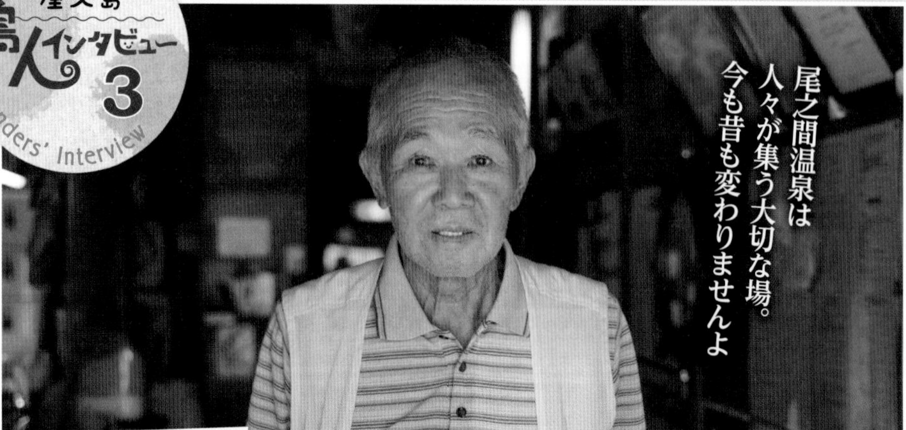

尾之間温泉は人々が集う大切な場。今も昔も変わりませんよ

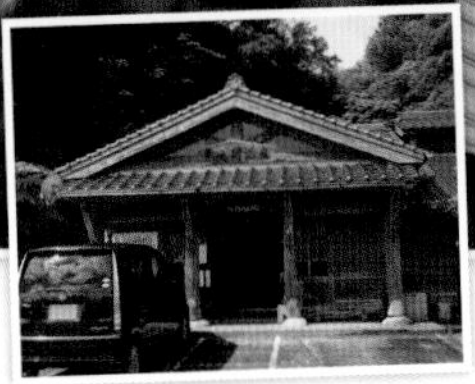

レトロな雰囲気漂う建物は、屋久島の地杉がふんだんに使われている

尾之間温泉元管理人
岩川 通孝（いわがわ みちたか）さん

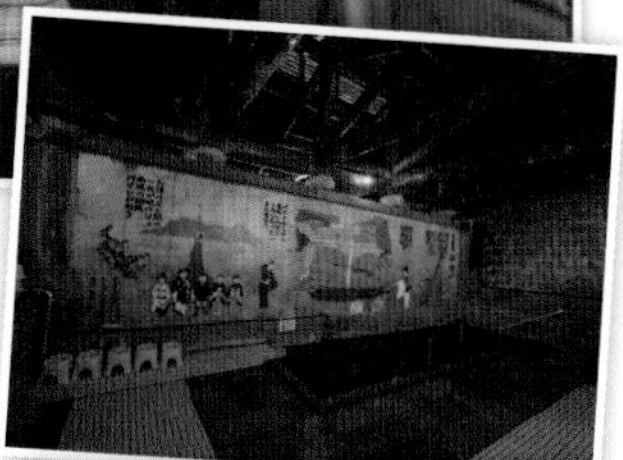

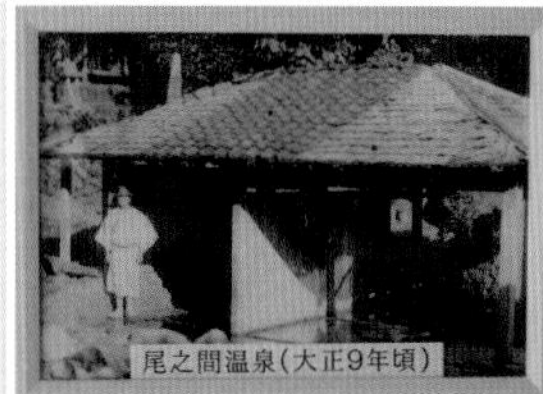

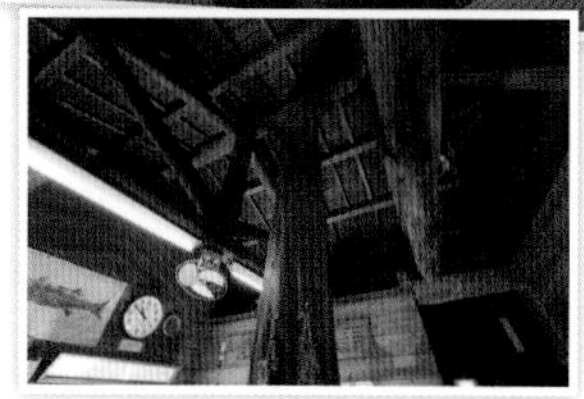

上／女湯と男湯で壁画の絵柄が異なる　下／休憩スペースには大きな地杉の見せ柱が立つ。遠方から感謝を伝える手紙にも心あたたまる

歴史ある名湯を見守る湯守りとして33年

350年以上もの歴史がある屋久島の名湯・尾之間温泉。ここで33年間番台に立ち続けたのが岩川通孝さん夫妻だ。49℃の源泉が湧き出る効能豊かな湯を求め、地域住民はもちろん登山帰りの観光客まで、老若男女さまざまな人が訪れる。

「30年以上見てきて、客も建物も尾之間温泉は大きく変わりましたよ」と話す岩川さん。

ここ尾之間に生まれ30年ほど島外で仕事をしたあと、腰を故障し島に戻った際に管理人を頼まれたことが始まりだという。以来33年、妻のけさ子さんとともに尾之間温泉を守ってきた。

「大変なことといえば、やっぱり時間が長いことですね。妻と交代で朝の6時半に来て、帰るのは23時半ですから。2023年に月曜休みにする前まで年中無休で働いて、正月も盆も妻と顔を合わせてご飯を食べたことは一度もなかったですね」

1920年頃の尾之間温泉の様子。何度かの建て替えを経て今にいたる

憩いの場であってこその尾之間温泉

「地元の人はほとんどシャワーを使わない」と言い、常連客は浴槽を囲むようにして体を洗い流し、そこで世間話を交わし合う。尾之間温泉独特の光景を岩川さんはこう話す。

「ここは温泉である以上に地域の人が集まる情報の場でもありますから。ただ楽しむだけじゃなくて、湯場で人と人が触れ合うからこそ、尾之間温泉なんじゃないでしょうか。集落にとってもこの温泉は宝です」

建物の風情あるたたずまいは、1994年に地域住民が一丸となって建て替えたもの。さらに、浴室内の壁画には棒踊りや十五夜の綱引きなど尾之間の伝統芸能が描かれている。建物や壁画からも、集落の人々の温泉に対する思いが伝わってくるようだ。そんな尾之間温泉を知りつくす岩川さんの湯守りとしての役割は、次世代へバトンがつながれようとしている。

「33年は長かったねえ（笑）。次にやる方が、新しい風を入れて尾之間温泉がもっとよくなればいいなと思いますよ」

尾之間温泉→P.52

島全域に魅力がいっぱい詰まってます♪

屋久島の歩き方

Area Guide

集落ごとに違う表情を楽しめるのも屋久島の魅力。
行ってみたい場所や目的に応じて宿泊場所を決めよう。
エリアごとの見どころは事前に調べて計画を立ててみて！

幻想的な自然の景色にうっとり！

屋久島を彩る絶景スポット10

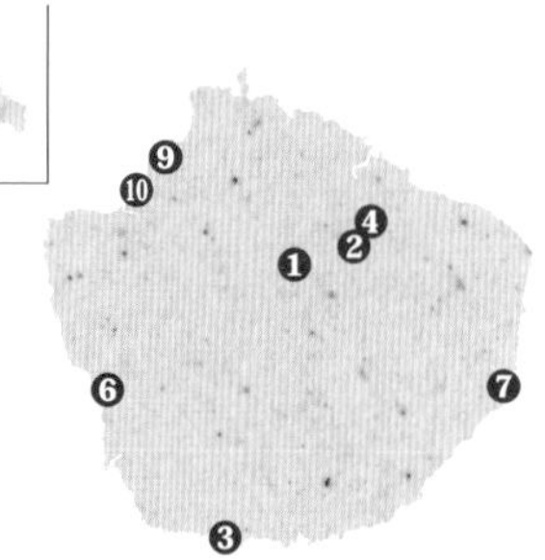

山・川・海のすべてが豊かなこの島で、
里の人々が長年守ってきた神秘の森やウミガメが訪れる
美しい砂浜を訪れれば、日々の暮らしの尊さに
気づかされるだろう。

❶屋久杉

島のシンボル・屋久杉は、悠久の時を感じさせてくれる偉大な存在。樹齢2000年を超える縄文杉をはじめ、個性あふれるユニークな屋久杉たちからパワーをもらおう。→P.38～

❷太鼓岩

大きな一枚岩から望む屋久島の森は絶景そのもの。特に3月中旬～4月上旬ごろに山桜が一斉に咲き誇る様は圧巻だ。岩をたたくと「ポン」と音がすることからこの名がつけられた。白谷雲水峡入口から太鼓岩までは徒歩2時間ほどかかる。→P.41

❹苔むす森

大きな岩や倒れた樹木など、見るものすべてが苔に覆われている幻想的な世界。森は静寂に包まれ、感動する人の息をのむ音だけが響き渡る。→P.41

❸海中温泉

MAP P.101B3

磯に打ち寄せる波を眺めながら心身を温めることができる海の中の温泉。平内海中温泉と湯泊温泉があり、干潮の前後数時間のみ入浴できる。→P.53

❻大川の滝

MAP P.101A1

「日本の滝100選」に選ばれている島内最大級の滝で、落差88mの断崖を大量の水が流れ落ちる。滝つぼの近くまで行けばその迫力は倍増だ。→ P.55

❼安房川

MAP P.88B3

リバーカヤックやSUPツアーが開催されている安房川は、照葉樹林の中を静かに流れる絶景スポット。川に架かる赤い橋・松峯大橋も必見。→ P.48

❺ウミガメ

絶滅危惧種となったウミガメに出会える屋久島。運がよければ一緒に泳ぐことができるダイビングツアーや、産卵時期には見学会も行われている。→ P.49

❽寝待の立神

MAP 折り込み⑤ C1

口永良部島が誇る景勝地で、海にそびえる大岩は一見の価値あり。「寝待の立神」と親しまれ、早朝には屋久島の方角から昇ってくる朝日に照らされる。→ P.77

❾東シナ海の夕日

MAP P.94B1

島内には夕日を眺めるのにぴったりなスポットがたくさん。近くの島を望める東シナ海展望所をはじめ、西部林道沿いにある灯台や展望所で日の入りを見届けよう。→ P.95

❿永田いなか浜

MAP P.94B2

花崗岩が砕けた黄色い砂浜が1km続くビーチ。永田集落にある3つの浜のうちのひとつで、日本有数のウミガメ産卵地としても知られている。→ P.51

港と空港を擁する屋久島観光の拠点地

宮之浦・小瀬田周辺

宮之浦港から屋久島空港付近までのエリアで、宮之浦は人口が最も多い島内最大の集落。山岳信仰の総本山である「益救神社」が鎮座し、古くから中心地として発展してきた。

観る・遊ぶ

豊かな自然と歴史を求め気ままに探索

益救神社や牛床詣所（→P.64）など、信仰の聖地である歴史深いスポットが点在。宮之浦に資料館もあるので学びを深めてみるのもよいだろう。宮之浦港から白谷雲水峡入口までは車で 20 分とアクセス良好。

買う

新店から老舗まで名産を幅広くチェック！

旅の滞在中に必要なものからおみやげまで、便利に使える大小さまざまな店が集合。独自のコンセプトを感じるオリジナル商品を販売する店も多い。新店はもちろん、島に根づく歴史ある商店ものぞいてみよう。

食べる・飲む

店選びには困らない島グルメの宝庫

宮之浦は飲食店が多く並び、首折れサバをはじめとした魚介類からヤクシカなどの肉料理までバラエティ豊かに揃う。空港方面にも県道沿いに飲食店が点在。スーパーで材料を買い、宿で調理するのもいいだろう。

泊まる

ひとり旅や大人数にも最適な宿が勢揃い

ゲスト同士の交流を楽しめる素泊まり民宿から快適な滞在ができるホテルまで、多彩なラインアップ。予算や食事の有無によって選ぼう。登山を予定している場合、白谷雲水峡までは宮之浦エリアが最も近い。

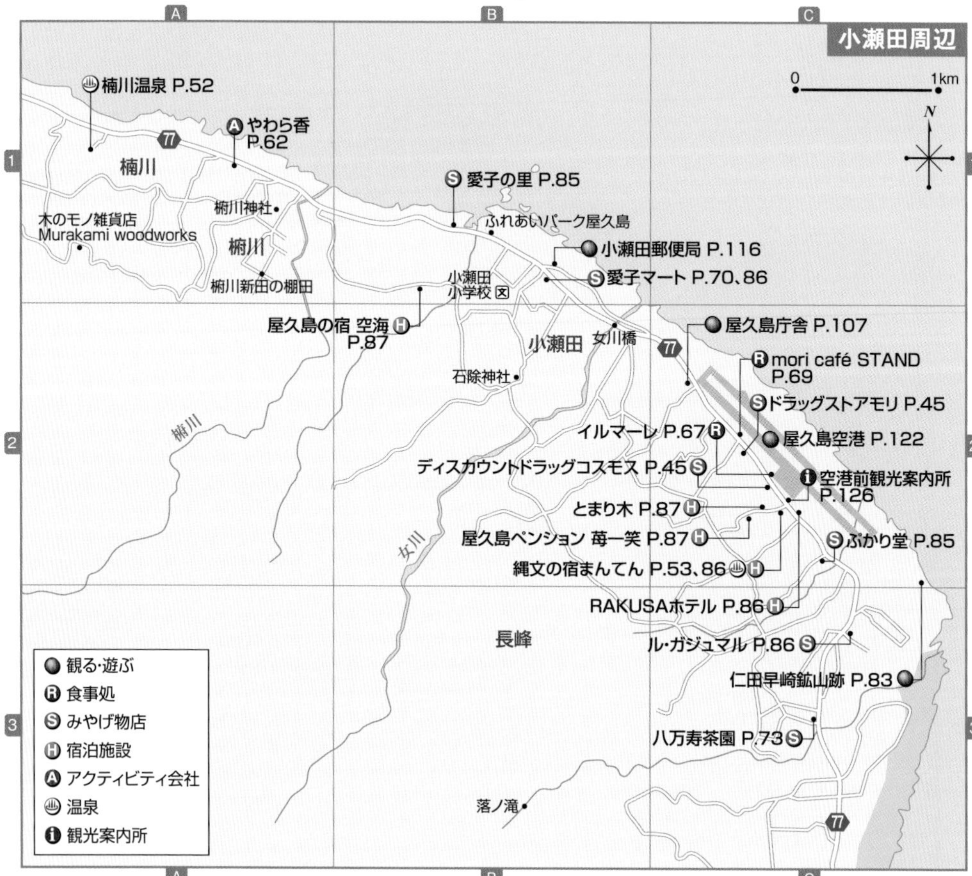

voice

江戸時代に日本地図を作成したことで知られる伊能忠敬は、測量最南端の地として 1812 年に屋久島に訪れた。屋久島町歴史民俗資料館から歩いて約 3 分の川のほとりに「伊能の碑」が立っており、その歴史に思いをはせてみよう。

資料館・案内所　エリア 宮之浦　MAP 折り込み③ B1

屋久島環境文化村センター
やくしまかんきょうぶんかむらせんたー

ジオラマやパネル模型で楽しく学ぶ

宮之浦港のすぐそばにある観光案内所も併設した総合インフォメーションセンター。展示室は吹き抜けのスロープになっており、島の自然や文化をわかりやすく解説している。

上／港の目の前で、フリーWi-Fiの利用も可　左下／充実の展示品　右下／書籍やおみやげの販売コーナーも

交 宮之浦港から徒歩5分　住 屋久島町宮之浦823-1　電 0997-42-2900　営 9:00～17:00(最終入館16:30)　休 月(祝日の場合は翌日)※GW、7月20日～8月31日までは無休　カード 可　駐車場 あり　URL www.yakushima.or.jp/guide/village.php

景勝地　エリア 小瀬田　MAP P.82C2

仁田早崎鉱山跡
にたはやざきこうざんあと

迫力の崖壁とコバルトブルーの絶景

鉱山の採取跡が残り、別名クリスタル岬とも呼ばれる。道中は岩が散乱し足場が悪く、切り立った崖が危険な場所もある。歩行には十分注意し、夜間や雨天時、またサンダルを履いている際は控えたほうがよい。

交 屋久島空港から車で5分　住 屋久島町小瀬田399　駐車場 なし

公園　エリア 宮之浦　MAP 折り込み③ A2

屋久島総合自然公園
やくしまそうごうしぜんこうえん

希少植物をじっくり観察できる

宮之浦川のほとりにある広大な植物公園。園内の一角に設けられた野生植物園では、ヤクシマシャクナゲなど島の固有植物や苔類が栽培されており購入も可能。ゆのこのゆ（→P.52）も併設。

交 宮之浦港から車で10分　住 屋久島町宮之浦2077　電 0997-42-2727　時 8:30～17:00　休 無休　料 300円、小・中・高校生100円　カード 不可　駐車場 あり

資料館　エリア 宮之浦　MAP 折り込み③ B2

屋久島町歴史民俗資料館
やくしまちょうれきしみんぞくしりょうかん

島の文化・歴史がいちからわかる

縄文から現代までの民具や土器、パネル展示をとおし島の暮らしと歴史を紹介する。屋久島には集落ごとに形成された独自の文化がありイラストや解説まで興味深いものばかり。

上／集落で受け継がれる伝統の祭り　左下／サルを生け捕りにする猿牢の展示　右下／不定期でイベントも開催している

交 宮之浦港から車で5分　住 屋久島町宮之浦1593　電 0997-42-1900　営 9:00～17:00　休 月　カード 不可　駐車場 あり

食事処　エリア 宮之浦　MAP 折り込み③ B1

お食事処 潮騒
おしょくじどころ しおさい

屋久島名物をおなかいっぱい堪能

観光客のみならず地元客も足しげく通う宮之浦の人気店。お造り、海老フライ、首折れサバなど島の新鮮な素材を使ったメニューが豊富に揃い、定食メニューは夜もいただける。

上／飛魚唐揚げ定食1500円はカットされており食べやすい　左下／カウンターや座敷も備える　右下／趣のある看板が掲げられる

交 宮之浦港から徒歩10分　住 屋久島町宮之浦305-3　電 0997-42-2721　営 11:30～14:00、17:30～21:30　休 木　カード 不可　駐車場 あり

voice＜ 宮之浦港と屋久島空港のほぼ真ん中に位置する楠川集落。県道を車で走っていると、突如風変わりなドラえもん像が現れる。これは1973年の小学校閉校の際に作られた記念の像。長年にわたり町の交通安全を見守ってくれている。

レストラン　エリア 宮之浦　MAP 折り込み③ D2

ヒトメクリ

ひとめくり

ランチからディナーまで休まずオープン

屋久鹿のひと口ステーキ定食2000円をはじめとしたヤクシカ料理をメインに、デザートまで工夫を凝らした料理が豊富に揃う。自家製の屋久鹿ソーセージはおみやげにも人気。

上／島の野菜もたっぷり　左下／パッションフルーツのパフェ1000円　右下／開放的な雰囲気の店内

交 宮浦港から車で7分　住 屋久島町宮之浦2467-75　電 0997-42-2772　時 11:30～21:00、火～日は～17:00　休 不定休　カード 可　駐車場 あり　URL www.hitomekuri.com

鉄板焼き　エリア 宮之浦　MAP 折り込み③ B2

鉄板お好み焼き こもれび

てっぱんおこのみやき こもれび

ソースと素材が決め手の名物お好み焼き

20分以上かけ鉄板で焼き上げられるお好み焼きには島名産のサバの本枯節を使用。フレッシュな風味が味わえるぜいたくトマト1200円は、リピーターが多い人気のひと皿。

上／トマトはバーナーで炙る　左下／一枚一枚ていねいに焼く　右下／木目調の店内

交 宮之浦港から車で5分　住 屋久島町宮之浦2560-27　電 0997-42-3990　時 11:30～14:00(L.O.13:30)、夜は予約制(3日前までに要予約)　休 火・水、第1日曜　カード 不可　駐車場 あり

居酒屋　エリア 宮之浦　MAP 折り込み③ B1

恵比寿大黒とし

えびすだいこくとし

新鮮な地魚が味わえるアットホームな居酒屋

チレダイ唐揚880円、首折れサバ1210円など旬の地魚を使った料理に定評がある居酒屋。1972年に開業して以来、大将の作る料理を求め親子三代で通う地元客も多いそう。気軽にふらりと立ち寄ってみて。

左／つけ揚げ550円も定番　右上／カウンターはひとり客にも◎　右下／宮之浦川ほとりにたたずむ

交 宮之浦港から車で4分　住 屋久島町宮之浦129　電 0997-42-0461　時 17:30～21:30(L.O.21:00)　休 月・日　カード 不可　駐車場 あり

カフェ　エリア 宮之浦　MAP 折り込み③ C1

一湊珈琲焙煎所

いっそうこーひーばいせんじょ

フェリーターミナルにたたずむロースタリー

2004年にオープン、2018年から現在のフェリーターミナルの2階に移転。煎りたての香り高いスペシャリティコーヒーは店内で飲むこともできる。豆やコーヒーバッグはおみやげにも好評だ。

交 宮之浦港から徒歩2分　住 屋久島町宮之浦1208-1 県営フェリー待合所2階　時 11:30～17:00　休 火・水　カード 可　駐車場 あり　URL issou-coffee.com

パン・ケーキ　エリア 宮之浦　MAP 折り込み③ C1

凡我塔ひらみや

ぼんがどうひらみや

手作りパンとケーキをゲット

トレッキングの軽食に最適な総菜・スイーツパンなどが並ぶ。屋久島焼酎「三岳」に漬け込んだレーズン入りの三岳レーズンパンや島のフルーツを使った屋久島ロールは、おみやげにも◎。

交 宮之浦港から車で5分　住 屋久島町宮之浦2447-136　電 0997-42-2056　時 8:00～19:00　休 不定休　カード 不可　駐車場 あり　URL www.bongadou-hiramiya.com

voice＜ 小瀬田エリアにある「Catch the Beer」は、2017年に開業した屋久島初のビール醸造所。地杉のチップやタンカンなど、屋久島産の副原料を使用したここだけの味が楽しめる。住 屋久島町小瀬田9-5　電 0997-43-5870　時 13:00～18:00　休 日　カード 可　駐車場 なし

おみやげ　エリア 宮之浦　MAP 折り込み③B1

屋久島観光センター
やくしまかんこうせんたー

情報収集＆おみやげ探しに訪れたい

現地の最新情報が手に入るインフォメーションセンターを併設し、登山用品のレンタルも可能。おみやげのほか、レストランでは名物の飛魚ラーメンも提供する。

交 宮之浦港から徒歩5分　住 屋久島町宮之浦799　電 0997-42-0091　時 9:00～18:00、レストラン10:30～15:30(L.O.15:00)季節によって変動あり　休 無休　カード 可　駐車場 あり　URL yksm.com

おみやげ　エリア 宮之浦　MAP 折り込み③B1

屋久島ふるさと市場
やくしまふるさといちば

旅の終わりのおみやげ買いにも便利

食品、お菓子、焼酎、屋久杉工芸品など定番のおみやげが一堂に揃う。併設のレストランではトビウオやサバ、黒豚など島内・鹿児島から仕入れた食材を使った料理がいただける。

交 宮之浦港から徒歩6分　住 屋久島町宮之浦797-1　電 0997-42-3333　時 9:00～18:00(冬季は～17:00)、レストラン10:00～15:00(L.O.14:30)　休 無休　カード 可　駐車場 あり　URL yakushima.co.jp/shop

革製品　エリア 宮之浦　MAP 折り込み③C1

ariga-to
ありがと

色彩に富んだハンドメイドのヤクシカ製品

駆除により9割が廃棄されるシカの皮を生かし、財布やキーリング、アクセサリーなど革製品を販売。セミオーダーも可能で、ていねいに手縫いされた商品は色合いも美しい。

上／レザークラフト体験も可　左下／長く愛せる品々　右下／工房も併設する

交 宮之浦港から車で4分　住 屋久島町宮之浦2401-10　電 080-5309-5213　時 10:00～18:00　休 火・水(臨時休業はHPに記載)　カード 可　駐車場 あり　URL ariga-to.shop

おみやげ　エリア 小瀬田　MAP P.82C2

ぷかり堂
ぷかりどう

かわいい屋久島みやげが手に入る

空港近くでは一番大きなみやげ店で、食品やお酒、アクセサリーなどオーナー夫妻えりすぐりの商品が並ぶ。人気の「島味アヒージョさばぶし」など、ぷかり堂オリジナル商品も多数。

上／島中の特産品が並ぶ　左下／ワークショップも充実　右下／空港至近で出発間際まで楽しめる

交 屋久島空港から徒歩7分　住 屋久島町小瀬田719-39　電 0997-43-5623　時 8:30～18:00　休 無休　カード 可　駐車場 あり　URL www.pukarido.com

食品・雑貨　エリア 宮之浦　MAP 折り込み③C1

椿商店
つばきしょうてん

体に優しい島みやげをゲット

九州を中心に集められたオーガニックの調味料や食材を販売。月桃シロップやハーブウオーター、登山に最適なトレイルミックス、タオルなど島ならではのアイテムはおみやげにも最適。

交 宮之浦港から車で5分　住 屋久島町宮之浦2446-12　電 0997-42-1355　時 10:00～17:30　休 月・木　カード 可　駐車場 あり　URL ringotsubaki.thebase.in

特産品　エリア 小瀬田　MAP P.82B1

愛子の里
あいこのさと

ドライブのお供にもぴったりな郷土菓子

島を代表する郷土菓子「かからん団子」と「つのまき」(各600円)を昔ながらの味を引き継ぎ手作りで販売。店のあたたかい雰囲気に思わずほっこり。売り切れる場合もあるので早めの訪問がベター。

交 屋久島空港から車で5分　住 屋久島町小瀬田1471-6　電 090-5296-3384　時 12:00～17:00　休 月　カード 不可　駐車場 あり

voice　屋久島観光センターでは島内の宿泊施設などへ手荷物の配達サービスも行う（ひとつ800円）。午前中に預けた荷物を当日夕方着で配達することも可能だ。また、24時間利用できる屋外コインロッカーも設置されている。

おみやげ　エリア 小瀬田　MAP P.82C3

ル・ガジュマル
る・がじゅまる

屋久島らしさが詰まったキュートな雑貨

屋久島をモチーフにしたTシャツやタオル、アクセサリーなど雑貨類が豊富に揃う。島在住のデザイナーが手がけたオリジナル商品も充実しており、かわいらしい見た目が人気。

上/小物類がところ狭しと並べられた店内
左下/屋久島空港そば
右下/Tシャツは速乾性抜群

交 屋久島空港から車で3分　住 屋久島町小瀬田413-74
電 0997-43-5011　時 10:00～18:00、12～2月は～17:00
休 不定休　カード 可　駐車場 あり

スイーツ　エリア 宮之浦　MAP 折り込み③ B1

新月堂菓子店
しんげつどうかしてん

種類豊富なスイーツが並ぶ老舗菓子店

1959年の創業以来、地元素材にこだわった手作りスイーツを販売。ヨモギを使った煎餅やパウンドケーキなどおみやげに最適な焼菓子が充実している。生菓子など店内飲食も可能。

交 宮之浦港から車で3分　住 屋久島町宮之浦94
電 0997-42-0131　時 8:30～19:00
休 日　カード 可　駐車場 あり

水産加工品　エリア 宮之浦　MAP 折り込み③ B1

丸高水産
まるたかすいさん

鮮魚は島内随一の品揃え

首折れサバをはじめとした鮮魚が並び、無料で刺身に加工してくれるうれしいサービスも。飛び魚の燻製780円など、素材の仕入れから加工まで手がけるオリジナル加工品もチェック。

交 宮之浦港から車で3分　住 屋久島町宮之浦111
電 0997-42-1435　時 8:30～18:00　休 日
カード 不可　駐車場 あり　URL marutaka-suisan.net

商店　エリア 小瀬田　MAP P.82B1

愛子マート
あいこまーと

レア焼酎「愛子」が手に入るのはココ

島外では入手困難な焼酎、愛子を取り扱っており、「限定 愛子」1860円、ペットボトル入りの「愛子ペット」450円など来店者しか買えない島内限定商品もゲットできる。それぞれ本数制限あり。

交 屋久島空港から車で5分　住 屋久島町小瀬田12-5
電 0997-43-5265　時 7:00～19:00　休 無休
カード 可　駐車場 あり　URL teradastore.com

旅館　エリア 宮之浦　MAP 折り込み③ B2

田代別館
たしろべっかん

山と海を一望する老舗旅館

創業1904年の老舗で1986年に現在の宮之浦川のほとりに移転。周囲が山と川に囲まれ、部屋や大浴場から景色を一望できる。登山弁当、装備レンタルのサービスも受け付けている。

交 宮之浦港から車で5分　住 屋久島町宮之浦2330-1
電 0997-42-0018　料 素9900円～、朝夕1万4300円～　客室数 55室
カード 可　駐車場 あり　URL www.tashirobekkan.co.jp

ホテル　エリア 小瀬田　MAP P.82C2

RAKUSAホテル
らくさほてる

空港間近の快適ステイ

屋久島空港すぐそばに位置するホテル。夕食時には食事処へ無料で送迎してくれるサービスもあり、車がなくても安心だ。ユニットバスが付いたシンプルな部屋はひとり旅にもおすすめ。

交 屋久島空港から徒歩1分　住 屋久島町小瀬田324-25
電 0997-43-5551　料 朝7500円　客室数 15室　カード 可
駐車場 あり　URL www.rakusa-hoteland.com

温泉旅館　エリア 小瀬田　MAP P.82C2

縄文の宿まんてん
じょうもんのやどまんてん

疲れがほぐれる天然温泉でひと息

露天風呂やドライサウナも完備した天然温泉が自慢の宿。グループ滞在に最適なコテージタイプをはじめ全5タイプの部屋があり、九州・屋久島産食材を中心とした料理がいただける。

交 屋久島空港から徒歩1分　住 屋久島町小瀬田812-33
電 0997-43-5751　料 素1万3200円～、朝夕1万7600円～
客室数 40室　カード 可　駐車場 あり　URL www.arm-manten.co.jp

voice< 空港すぐそばにある屋久島役場は、地杉を使用して作られた新庁舎(→P.107)。さまざまな賞を受賞した島のランドマークだ。座って休憩できるスペースもあるため、ドライブ中に立ち寄ってみよう。

ペンション　エリア 小瀬田　MAP P.82C2

屋久島ペンション 苺一笑
やくしまぺんしょん いちごいちえ

木の香り広がる心安らぐ空間

広々とした庭を望むテラスや杉で作られた机と椅子が並ぶダイニングルームを備え、木のぬくもりを感じる落ちついた空間。バス・トイレ付きの洋室も完備しており、1名から宿泊できる。

交 屋久島空港から徒歩7分　住 屋久島町小瀬田832-22
電 0997-49-4150　料 素6150円〜、朝7350円〜　客室数 5室
カード 不可　駐車場 あり　URL www.yakusima-ichigoichie.com

ゲストハウス　エリア 小瀬田　MAP P.82C2

とまり木
とまりぎ

アットホームな雰囲気でリピーター多数

男女共用のドミトリーのほかに、1泊900円で持ち込みのテントが張れるキャンプ場も設置する。それぞれトイレやお風呂も自由に使うことができ、長期で滞在する旅行者も多い。

交 屋久島空港から徒歩3分　住 屋久島町小瀬田815-19
電 0997-43- 5069　料 素2500円〜　ベッド数 6　カード 不可
駐車場 あり　URL www.yakushima-tomarigi.jp

コリビング　エリア 宮之浦　MAP 折り込み③ C1

屋久島シェアホステルみなと
やくしましぇあほすてるみなと

“暮らす”と“旅する”が交わる拠点

宮之浦港の目の前にあるシェアハウスタイプの施設で、ワーケーションなど長期で滞在する場合には格安で宿泊できる。キッチン、海の見えるテラスなど快適な環境が整っている。

交 宮之浦港から徒歩11分　住 屋久島町宮之浦278-2
電 0997-49-1316　料 6泊7日1万5000円〜（ドミトリー）
客室数 5室　カード 可　駐車場 あり　URL www.yakushima-yh.net

コテージ　エリア 小瀬田　MAP P.82B1

屋久島の宿 空海
やくしまのやど くうかい

森の中にたたずむ一棟貸し切り宿

コテージタイプの宿で1名から最大5名まで宿泊可能。森の中にあるため宿のすぐ近くでは川遊びもできる。高台からは海が一望でき、自宅気分でゆったり島時間を満喫しよう。

交 屋久島空港から車で10分　住 屋久島町小瀬田1456-182
電 090-5613-5515　料 素6000円〜　客室数 1室　カード 可
駐車場 あり　URL www11.plala.or.jp/yakushima

民宿　エリア 宮之浦　MAP 折り込み③ B1

屋久の宿 たぐち
やくのやど たぐち

気さくなおもてなしで快適な滞在が叶う

2018年にオープンした宿で、シンプルなフローリング仕様の部屋や共用スペースは清潔で居心地のよい空間。島事情に精通したオーナー夫妻が旅の相談にものってくれる。

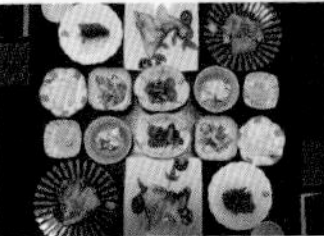

上／森に囲まれ夜は星がきれい　左下／手作りの和食料理を提供　右下／開放的なダイニング

交 宮之浦港から車で4分　住 屋久島町宮之浦1235-33
電 0997-42-3555　料 素5000円〜、朝夕1万円〜　客室数 4室
カード 可　駐車場 あり　URL yakushima-taguchi.jp

民宿　エリア 宮之浦　MAP 折り込み③ B1

晴耕雨読
せいこううどく

旅人が集う屋久島の名物宿

壁一面の本棚が設けられた共用のフリースペースでは、オーナーの長井さんを交えゲスト同士で夜ごと集い語らう。ひとり旅でも交流が生まれ、リピーターも多く島では古くから愛される宿。

交 宮之浦港から車で4分　住 屋久島町宮之浦1567
電 0997-42-2070　料 素3500円　客室数 6室　カード 不可
駐車場 あり

民宿　エリア 宮之浦　MAP 折り込み③ B1

民宿八重岳本館
みんしゅくやえだけほんかん

アクセス便利でリーズナブル

屋久島港からアクセスしやすい好立地に立ち、観光拠点として長期で滞在する人も多い。1階にある食堂では、島で収穫した山や海の幸が自慢の郷土料理でおもてなし。

交 宮之浦港から徒歩15分　住 屋久島町宮之浦208
電 0997-42-2552　料 素4500円、朝夕6800円　客室数 9室
カード 可　駐車場 あり　URL yaedake.jp/minshuku

voice＜ 島内には全部で3店のドラッグストアがあり、すべてが屋久島空港付近に集合している。日用品から生鮮食品まで販売しているため、スーパーのように使えて便利。なかでもドラッグストアモリは22:00まで営業している貴重な店だ。

島のシンボルツリー・縄文杉への玄関口

安房周辺

高速船が発着する安房港を擁し、港の周辺には宿や飲食店、おみやげ処が立ち並ぶ。縄文杉やヤクスギランド、宮之浦岳などの登山口へ続くスタート地点だ。

観る・遊ぶ

自然豊かなフィールドを遊びつくそう

安房は縄文杉、ヤクスギランド、宮之浦岳など各登山口まで最も近いエリア。安房川では、カヤックや沢登りなどの水上アクティビティが人気だ。登山前に屋久杉自然館（→ P.57）で学びを深めるのもおすすめ。

買う

屋久杉工芸品の一大産地

屋久杉や地杉の加工、販売までを手がける店が多い。杉匠（→ P.91）や YAKUSHIMA BLESS と併設する武田館（→ P.90）などでは、家具からキーホルダーまで職人の技術が光る屋久杉製品が手に入る。

食べる・飲む

水揚げ量日本一のトビウオ料理を堪能

漁獲量日本一を誇る安房港。羽まで食べるから揚げ、すり身を揚げたつけ揚げが定番だ。ほかにも定食・ぱすた かたぎりさん（→ P.90）のひつまぶし、安永丸（→ P.90）の漬け丼など心ゆくまで味わって。

泊まる

宿は登山者を配慮したサービスが充実

料理がおいしい民宿やゲストハウス、絶景が広がるホテルまで揃い、宿探しには困らない。登山道への玄関口のため、登山用品のレンタルや早朝弁当を提供する宿もある。予約の際に確認してみよう。

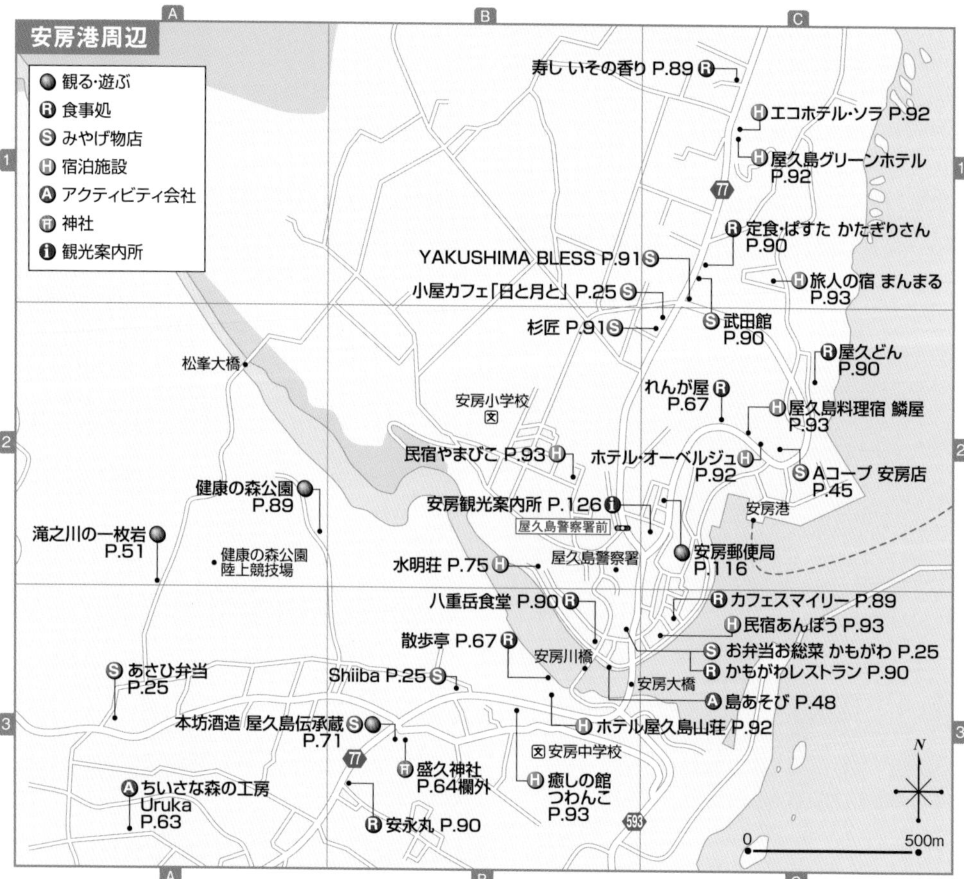

voice＜ 安房から南の尾之間方面に向かうバス停のなかに、「焼酎川」という珍しい名前の停留所がある。これはかつて密造が行われていた時代、焼酎の匂いが川を下って里へ流れ着いてきたことに由来しているそう。

資料館　エリア 安房周辺　MAP 折り込み④ C2

屋久島世界遺産センター
やくしませかいいさんせんたー

世界自然遺産と国立公園の自然を紹介

立体模型や映像・写真を通して、屋久島と口永良部島の自然が学べる環境省の施設。登山時のルールやマナーなどの情報も手に入るので登山前に立ち寄るのもおすすめ。

上／ジオラマで学ぶ
左下／荒川登山バスが発着するエリアにある
右下／写真展コーナーも

交 安房港から車で10分　住 屋久島町安房前岳2739-343
電 0997-46-2992　時 9:00 ～ 17:00(最終入館16:30)
休 12 ～ 2月の土曜　料 無料　駐車場 あり
URL www.env.go.jp/park/yakushima/ywhcc/index.html

景勝地　エリア 安房周辺　MAP 折り込み④ D1

枕状溶岩
まくらじょうようがん

古代を感じるワイルドな光景

約4000万年前の海底噴火による溶岩が流れ着いた海岸で、町の天然記念物に指定されている。近くで見ると枕のような溶岩が何層にも重なる様子が観察でき、ゴツゴツとした岩場は迫力満点。

交 安房港から車で10分　住 屋久島町船行246-1　駐車場 あり

木　エリア 安房周辺　MAP 折り込み④ C2

猿川ガジュマル
さるかわがじゅまる

ジャングルのようなガジュマルの群生地

約100㎡の広大な敷地にガジュマルの群生が茂り、自由自在に広げる枝や根に間近で触れ合える。群生地までの徒歩5分の道のりは足場が悪い箇所もあるため、サンダルなどではなく靴で訪れるのが安心だ。

交 安房港から車で10分　住 屋久島町安房2725　駐車場 あり

公園　エリア 安房周辺　MAP P.88A2

健康の森公園
けんこうのもりこうえん

芝生が広がる島民憩いの公園

安房川を上流に進んだ先にある島で最も大きな公園。広大な芝生広場には東屋が設けられており、お弁当を広げてピクニックにも最適だ。公園内の陸上競技場そばには「滝之川の一枚岩」がある（→ P.51）。

交 安房港から車で7分　住 屋久島町安房2740　駐車場 あり

カフェ　エリア 安房周辺　MAP P.88C3

カフェスマイリー
かふぇすまいりー

素材と向き合うていねいなスイーツ

海を望むロケーションに立ち、素材にこだわった手作りスイーツ&フードを提供する。プリンパフェ730円は自家製プリンとキャラメルソースが自慢の一品。ドリンクと一緒に楽しんで。

交 安房港から徒歩10分　住 屋久島町安房122-1
電 0997-46-2853　時 11:00 ～ 17:00
休 月・火　カード 不可　駐車場 あり　URL www.cafe-smiley.com

海鮮　エリア 安房周辺　MAP P.88C1

寿し いその香り
すし いそのかおり

旬の地魚を使った贅沢な握りを堪能

地元民と観光客でにぎわう安房の人気寿司店。一家で代々漁師を営むというオーナー自ら漁に出てその日に仕入れた新鮮な地魚を提供する。夜は17:00 ～、19:30 ～の2部制。

上／地魚にぎり6種12貫入り3000円
左下／予約してから訪れよう
右下／アットホームな雰囲気

交 安房港から車で4分　住 屋久島町安房788-150　電 0997-46-3218　時 11:30 ～ 14:00(L.O.13:30)、17:00 ～ 21:30(L.O.21:00)
休 火、不定休(要問い合わせ)　カード 可　駐車場 あり

安房出身の儒学者・泊如竹の働きかけにより、屋久杉伐採が始まったのは江戸時代のこと。島の経済や産業の発展に貢献したことから屋久島聖人としてたたえられており、安房港そばの如竹神社には墓所がある。

レストラン　エリア 安房周辺　MAP P.88B3

かもがわレストラン

かもがわれすとらん

登山後にがっつり食べたいならココ

地元食材を使ったボリューム満点の料理が自慢の店で、Aセット1300円は肉と魚、エビフライが2本ものって、ご飯のお代わりも1回まで無料！　隣には弁当屋も併設している（→P.25）。

交 安房港から徒歩10分　住 屋久島町安房78　電 0997-46-2101　時 9:00～15:00、17:00～21:00　休 日　カード 不可　駐車場 あり

食事処　エリア 安房周辺　MAP P.88B3

八重岳食堂

やえだけしょくどう

島名物が楽しめる歴史ある食事処

1933年の創業から90年以上、町の歴史を見守ってきた老舗店。刺身やつけ揚げ、一夜干しなどさまざまな形でトビウオを味わえる屋久島定食2200円のほか、ラーメンや餃子なども人気。

交 安房港から徒歩13分　住 屋久島町安房66　電 0997-46-2658　時 11:00～13:00、17:00～21:00　休 不定休　カード 可　駐車場 あり

うどん　エリア 安房周辺　MAP P.88C2

屋久どん

やくどん

島素材が生きた絶品だしうどん

自慢のだしは、島名産のサバ節と鰹節でとった香り高くコクのある味わいが特徴。トビウオのすり身揚げと姿揚げが付いた飛唐うどんセット1600円で、トビウオ三昧の贅沢を。

上／セットメニューが充実
左下／海の目の前に立つ
右下／重厚感ある屋久杉工芸品がお出迎え

交 安房港から徒歩6分　住 屋久島町安房500-46　電 0997-46-3210　時 11:00～14:15　休 不定休　カード 可　駐車場 あり　URL udon-noodle-shop-390.business.site

レストラン　エリア 安房周辺　MAP P.88C1

定食・ぱすた かたぎりさん

ていしょく・ぱすた かたぎりさん

トビウオのひつまぶしは必食！

名物の飛び魚ひつまぶし1450円をはじめ、地元の肉や魚を使った手作り和定食やパスタが味わえる。キッズルームが併設されており、家族連れでもゆっくり楽しむことができる。

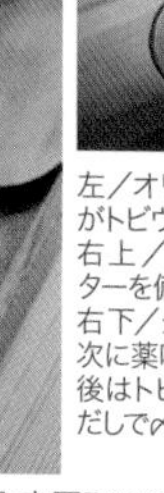

左／オリジナルの甘辛たれがトビウオとよく合う
右上／テーブルとカウンターを備え広々とした店内
右下／最初はそのままで、次に薬味を付けて食べ、最後はトビウオが原料のあごだしで〆よう

交 安房港から車で4分　住 屋久島町安房540-62　電 0997-46-4282　時 11:00～15:00(L.O.14:30)、17:30～21:00(L.O.20:30)、土11：00～15：00(L.O.14:30)　休 日　カード 可　駐車場 あり　URL katagirisan.com

居酒屋　エリア 安房周辺　MAP P.88B3

安永丸

あんえいまる

トビウオ料理を心ゆくまで堪能

自身のトビウオ漁船「安永丸」に乗り、オーナー自ら調理まで行うだけあってトビウオ料理が豊富。刺身はもちろん、漬け丼や香草パン粉焼き、フライなど工夫を凝らした創作メニューが楽しめる。

交 安房港から車で5分　住 屋久島町安房2400-120　電 0997-46-3055　時 17:30～22:30(L.O.22:00)　休 不定休　カード 可　駐車場 あり　URL aneimaru.co.jp

おみやげ　エリア 安房周辺　MAP P.88C1

武田館

たけだかん

屋久杉の老舗でおみやげをゲット

もともとは屋久杉の搬出を行う林業から始まり、現在は専属職人が手がける屋久杉工芸品が自慢のおみやげ処に。2023年には店舗の一部が拡大し、オリジナルキャラクター商品も誕生した。

交 安房港から徒歩15分　住 屋久島町安房650-18　電 0997-46-2258　時 9:00～18:00(冬季変更あり)　休 無休　カード 可　駐車場 あり　URL www.yakusugi-takeda.com

voice＜ 水揚げ量日本一を誇る屋久島のトビウオ。実は季節ごとに大きさや色が異なるトビウオが漁獲されており、その種類は10種類にも上る。それぞれの特徴に応じて調理法も微妙に変化するそう。

おみやげ　エリア 安房周辺　MAP P.88C1

YAKUSHIMA BLESS
やくしま ぶれす

島の恵みがたっぷり詰まった新名品

屋久杉をはじめ島の素材を生かした石鹸やお香、メモパッドなどが並び、アーティストとのコラボ商品も多数。環境負荷も考えられたおみやげは、島に新しい風を吹かせている。

上／白が基調の洗練された店内
左下／「屋久杉で磨こう！」3850円～で一輪挿しが完成
右下／石鹸は全3種あり、肌になじませるほどにしっとりとする

交 安房港から徒歩15分　住 屋久島町安房650-18(武田館敷地内)
電 0997-46-2899　時 9:00～17:00　休 不定休
カード 可　駐車場 あり　URL yakushimabless.jp

燻製　エリア 安房周辺　MAP 折り込み④ C2

くんせい屋 けい水産
くんせいや けいすいさん

地魚のうま味が凝縮されたこだわりの燻製

地魚を併設の工場で燻製に加工、販売まで行う。人気の生ハム風燻製はしっとりとした食感が特徴。ベストな状態で工場に保存されるため、みやげ店にはあまり並ばないそう。

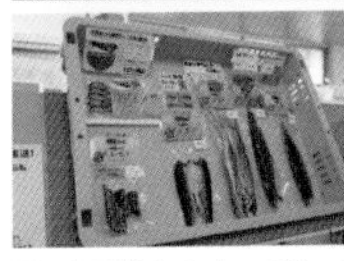

上／説明を聞きながらサンプルを試食可
左下／味もさまざま
右下／山道の先にある

交 安房港から車で8分　住 屋久島町安房2407-239
電 0997-46-3797　時 9:00～17:30　休 土・日・祝
カード 不可　駐車場 あり　URL keisuisan.com

おみやげ　エリア 安房周辺　MAP P.88C2

杉 匠
すぎしょう

圧巻の屋久杉工芸品をおみやげに！

島のおみやげが一堂に並び、なかでも屋久杉工芸品は椅子・テーブルなどの大型のものから、写真立てや箸など気軽に購入できるものまで充実の品揃え。2階のレストランは3日前まで要予約。

交 安房港から車で4分　住 屋久島町安房650-113
電 0997-46-2123　時 8:00～18:00　休 無休　カード 可
駐車場 あり　URL www.sugisyou.com

木製品　エリア 安房周辺　MAP 折り込み④ C2

ウッドショップ木心里
うっどしょっぷきこり

木を知りつくした職人が作る木製品

店の名前は、山に残された屋久杉土埋木のトロッコ搬出を担っていた元・きこりのオーナーに由来。その経験を生かし一輪挿しやマグカップ、箸置きなどぬくもりあふれる商品を生み出している。

交 安房港から車で8分　住 屋久島町安房2560-7
電 0997-46-4560　時 8:30～17:00　休 日　カード 可
駐車場 あり　URL yakushimakikori.shop-pro.jp

商店　エリア 安房周辺　MAP 折り込み④ C1

松田商店
まつだしょうてん

島民のファンも多い名物のすり身

創業以来70年以上作り続けるのが、屋久島名物のトビウオ100%スリミ590円～。併設の調理場で新鮮なトビウオを独自の調味料で味つけし、小判型にまるめて揚げれば"つけ揚げ"が完成！

交 安房港から車で5分　住 屋久島町船行337-1　電 0997-46-2941　時 9:00～18:00　休 日　カード 不可　駐車場 あり

Tシャツ　エリア 安房周辺　MAP 折り込み④ C1

ガラモスタ
がらもすた

屋久島をモチーフにしたオリジナルTシャツ

色とりどりのTシャツはすべてオリジナルデザインで、手刷りや手押しなどさまざまな手法を駆使した一点物。人気の柄はトロッコ道Tシャツ3800円。縄文杉登山に着ていきたい。

交 安房港から車で8分　住 屋久島町安房2739-362
電 080-5512-1581　時 10:00～17:30　休 不定休
カード 不可　駐車場 あり

voice＜ YAKUSHIMA BLESSの母体である武田館では、2023年にオリジナルキャラクター「やくさんとジョー」が誕生。ヤクシカとヤクザルがモチーフになったかわいらしい見た目は、思わず手に取りたくなるグッズばかり。ぜひチェックしてみて。

植物　エリア 安房周辺　MAP 折り込み④ C2

屋久島草思園

やくしまそうしえん

小さな島の自然をお持ち帰り

自然に優しい植物・果樹づくりをモットーに、園内に併設する無人販売所では小さな鉢に入った島の自生植物や果物を販売。植物の根に苔が丸く張り付けられた苔玉はおみやげとして人気。

交 安房港から車で10分　住 屋久島町安房2733-65
電 090-2514-2909　時 10:00 ～ 16:00　休 不定休
カード 不可　駐車場 あり　URL soshien.crayonsite.com

ホテル　エリア 安房周辺　MAP P.88B3

ホテル屋久島山荘

ほてるやくしまさんそう

有名作家も宿泊した歴史ある宿

安房川に面した眺望が美しく、大浴場は岩風呂と川見風呂の2種類を完備。1950年に林芙美子が長編小説『浮雲』を執筆したことでも知られる宿で、入口には記念碑が設置されている。

交 安房港から車で3分　住 屋久島町安房2364-35　電 0997-46-2011　料 素1万4600円～、朝夕2万2800円～　客室数 25室
カード 可　駐車場 あり　URL www.hotelyakushimasanso.co.jp

ホテル　エリア 安房周辺　MAP P.88C1

屋久島グリーンホテル

やくしまぐりーんほてる

海を一望する絶景をひとり占め

太平洋を望む敷地に立ち、大浴場からは絶景のオーシャンビューを楽しめる。散歩に最適な広々とした庭を併設し、水平線から昇る朝日や満天の星空が見られる癒やしの空間。

上／シングル以外の客室からは海を眺望できる　左下／登山の疲れを癒やす大浴場　右下／名物のトビウオ料理

交 安房港から車で3分　住 屋久島町安房788-110
電 0997-46-3021　料 1万2100円～　客室数 41室
カード 可　駐車場 あり　URL www.yakushima-gh.com

ビジネスホテル　エリア 安房周辺　MAP P.88C1

エコホテル・ソラ

えこほてる・そら

おひとりさま大歓迎のホテル

屋久島では数が少ない、全室バス・トイレを完備したシングル専用のホテル。木を基調としたシンプルな個室で気兼ねなく宿泊でき、女性のひとり旅にもおすすめだ。

上／テレビやポットなどアメニティも充実　左下／シングルタイプを26室完備　右下／共用スペース

交 安房港から車で3分　住 屋久島町安房788-115
電 0997-46-3034　料 6500円～　客室数 27室
カード 可　駐車場 あり　URL www.ecohotel-sora.com

プチホテル　エリア 安房周辺　MAP P.88C2

ホテル・オーベルジュ

ほてる・おーべるじゅ

少人数～グループまでさまざまな宿泊タイプに対応

1名から最大5名まで宿泊できる全5つの部屋タイプがあり、ひとり旅や家族連れにうってつけ。安房港からほど近く、スーパー「Aコープ 安房店」まで徒歩2分で移動できる好立地だ。

交 安房港から徒歩4分　住 屋久島町安房410-165
電 0997-46-2344　料 素4950円～　客室数 11室　カード 可
駐車場 あり　URL furusato-yakushima.com

コテージ　エリア 安房周辺　MAP 折り込み④ C1

森のこかげ

もりのこかげ

絵本の世界に入ったようなかわいいコテージ

全5タイプのコテージは、それぞれ見た目が異なるメルヘンチックなデザイン。男性のみの宿泊はできないが、キッチンやテラスが付いた部屋はカップルやファミリーでの宿泊に最適。

交 安房港から車で5分　住 屋久島町船行292-9
電 0997-46-2789　料 6600円～　客室数 12室　カード 可
駐車場 あり　URL morinokokage.net

voice＜ 小説家・林芙美子が屋久島へ小説執筆の取材のために訪問したのは1950年のこと。小説『浮雲』内では屋久島の雨の情景を印象的に描写し、"ひと月に35日雨が降る" と表現した。

ゲストハウス　エリア 安房周辺　MAP P.88C1

旅人の宿 まんまる
たびびとのやど まんまる

長期滞在もできるのどかな宿

全室トイレと洗面台を完備。和室、大和室、洋室の３タイプがあり、大きな窓が付いた展望風呂でほっとひと息できる。海の見える母屋でいただくこだわりの朝食メニュー（700円）も好評だ。

交 安房港から徒歩7分　住 屋久島町安房540-19
電 0997-49-7107　料 素5800円～　客室数 8室　カード 可
駐車場 あり　URL www.manmaru-yakushima.com

民宿　エリア 安房周辺　MAP P.88C3

民宿あんぼう
みんしゅくあんぼう

アットホームで小さな民宿

女将が切り盛りしており、２階建ての館内はトイレからお風呂まで掃除が行き届き清潔な空間。各部屋にはテレビやポット、お茶セットなども設置され、初めて民宿に泊まる人にもおすすめの宿。

交 安房港から徒歩10分　住 屋久島町安房121-2
電 0997-46-2720　料 素4000円、朝夕7200円　客室数 6室
カード 可　駐車場 あり　URL qq275fm9k.wixsite.com/mysite-1

民宿　エリア 安房周辺　MAP 折り込み④ C2

民宿前岳荘
みんしゅくまえたけそう

素材にこだわる島料理でおもてなし

卵と野菜は有機・無農薬の自家製で、地元食材を使ったこだわりの料理がいただける。部屋は和室と２段ベッドのウッドハウスがあり、個人やグループ旅行などさまざまな用途で利用可能。

交 安房港から車で7分　住 屋久島町安房2517-27
電 0997-46-3886　料 素4400円～、朝夕7700円～　客室数 15室
カード 可　駐車場 あり　URL yakushima-maetakesou.com

民宿　エリア 安房周辺　MAP P.88B3

癒しの館 つわんこ
いやしのやかた つわんこ

島を知りつくしたオーナー夫妻がお出迎え

海と森が一望できる高台に立ち、島生まれ島育ちのオーナーによる縄文杉や白谷雲水峡のガイドツアー付きのプランも人気だ。女将が作る家庭的な料理は、登山の疲れを癒やしてくれる。

交 安房港から車で3分　住 屋久島町安房2364-24
電 0997-46-2766　料 素5000円～、朝夕9000円～　客室数 5室
カード 可　駐車場 あり　URL yakushima-tsuwanko.com

民宿　エリア 安房周辺　MAP P.88C2

屋久島料理宿 鱗屋
やくしまりょうりやど うろこや

親戚の家に泊まりに来たような居心地のよさ

島出身の家族が切り盛りする宿で、釣り好きのオーナーが釣った地魚料理と島焼酎でおもてなし。ひとり旅はもちろん、３人以上で宿泊できる大部屋もありグループで泊まるのも楽しい。

交 安房港から徒歩4分　住 屋久島町安房410-156　電 0997-46-2120　料 素5500円、朝夕7800円～　客室数 9室　カード 不可
駐車場 あり　URL yakushimaurokoya.wixsite.com/my-site

体験宿　エリア 安房周辺　MAP 折り込み④ C2

漁師の暮らし体験宿 ふくの木
りょうしのくらしたいけんやど ふくのき

屋久島の海を楽しみつくす１日１組限定宿

漁師と一緒に海釣りを体験する遊漁船ツアーと魚さばき体験のふたつのプランがあり、どちらもいちからていねいにレクチャー。海の恵みを体感できる貴重な宿泊体験は、家族連れにもおすすめだ。

交 安房港から車で7分　住 屋久島町安房2457-288
電 090-3224-9802　料 1万円～　客室数 1室
カード 可　駐車場 あり　URL www.yakushima-fukunoki.com

民宿　エリア 安房周辺　MAP P.88B2

民宿やまびこ
みんしゅくやまびこ

満足度抜群の絶品しゃぶしゃぶ

宿泊の目玉はなんといっても夕食の黒豚しゃぶしゃぶ食べ放題。自身の養豚場で育てるこだわりの六白黒豚で、脂が控えめな軟らかな肉質は後引くおいしさ。食事のみの予約も可。

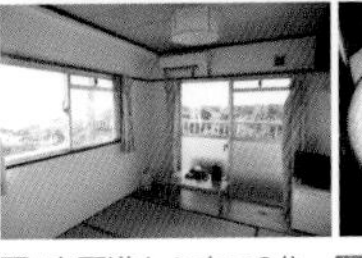

上／豚バラ、肩ロース、下ロースの３種　左下／畳敷きで快適な室内　右下／おじや、ちゃんぽん、蕎麦で〆

交 安房港から車で3分　住 屋久島町安房1763-41
電 0997-46-2738　料 素5000円、朝夕8500円　客室数 10室
カード 可　駐車場 あり　URL 89yamabiko.wixsite.com/main

voice 屋久島は湿気が多くひと晩では洗濯物が乾かない場合もある。洗濯機が設置されている宿も多いが、利用できない場合はコインランドリーを使おう。おもに宮之浦～尾之間の間に店があり、安房にも県道沿いを中心に点在している。

ローカルな魅力あふれる町と壮大な自然美を満喫

永田(ながた)〜一湊(いっそう)〜志戸子(しとご)

宮之浦港から北に車で約10分の志戸子から、北西部に位置する永田までのエリア。店は少ないが集落ごとの個性が色濃く感じられ、のんびりした町歩きにはうってつけ。

観る・遊ぶ

動植物と自然を愛でるスポットが点在

永田いなか浜（→P.51）は日本有数のウミガメ産卵地として知られ、観察会では貴重な産卵シーンを見学できる。ダイビングスポットとしても有名な一湊では、海水浴も楽しめ、夕暮れ時の海も美しい。

買う

地元民に愛される店でおみやげ探し

一湊はサバ漁で盛んな漁師町であり、丸勝水産（→P.96、112）では本枯節など昔ながらの製法で作られた加工品を購入できる。島民の暮らしに根づいた商店が多く、町歩きの際に立ち寄ってみよう。

食べる・飲む

数が少ないため事前に営業確認を

各集落に昼を中心に営業するカフェが点在。「Sea&Sun」(→P.69) は、絶景とともにゆったりとした時間を楽しめる。宿で食事をとるのが一般的だが、自炊や外食がしたい場合には宮之浦まで車を走らせよう。

泊まる

地元気分で集落文化を体感できる

登山口から離れており、限られた旅程内でトレッキングをする場合はアクセスに少々不便。しかし、島の何気ない風景や地元の暮らしを間近で感じることができ、ゆったり島時間を満喫するのにぴったりだ。

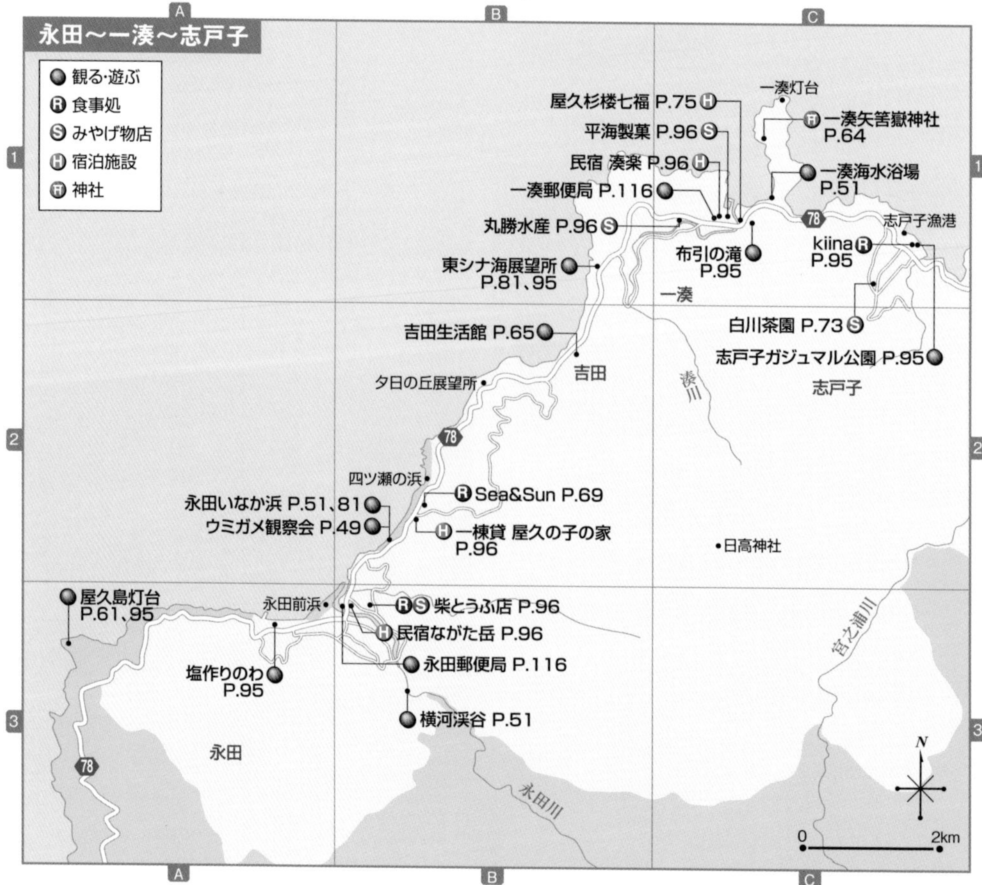

VOICE< 西郷隆盛は2度目の島流しで徳之島に向かったとき、一湊に8日間寄港した。「一湊川の岸辺の岩の上に座り、たばこをふかしている姿を見た」と伝え聞いた島の老人も多くいるそう。一湊集落の県道沿いには「西郷隆盛上陸の地」の石碑が立っている。

灯台　エリア 永田　MAP P.94A3

屋久島灯台
やくしまとうだい

白亜に輝く鹿児島最古の現存灯台

永田岬に位置し、1897年に初点灯した120年以上の歴史もつ貴重な灯台。まるで教会を思わせるれんが造りの白壁が美しく、周囲に広がる海や山々とのコントラストは絶景。

上／灯台内部に入ることは不可
左下／東シナ海を一望
右下／灯台の周りはぐるりと一周できる

交 宮之浦港から車で50分　住 屋久島町永田
電 099-222-6680(鹿児島海上保安部)　駐車場 あり

景勝地　エリア 一湊　MAP P.94B1

東シナ海展望所
ひがししなかいてんぼうじょ

ドライブ中に立ち寄りたい夕日の名所

一湊集落からトンネルを抜けた先にある夕日の絶景スポット。駐車スペースと東屋が設けられ、展望台からは口永良部島、硫黄島、竹島など周辺の島々と壮大な夕焼けが眺められる。日の入りのタイミングを狙って立ち寄ってみて。

交 宮之浦港から車で18分　住 屋久島町一湊　駐車場 あり

製塩所　エリア 永田　MAP P.94A3

塩作りのわ
しおつくりのわ

屋久島の海の水で作るうま味塩

屋久島の海水を運び入れ、地杉などの薪で炊いた塩を製造する。5日間かけて少しずつ水分を蒸発させる製造工程が見学でき、代表の渡辺さんが工場にいる場合には当日でも可能。

交 宮之浦港から車で30分　住 屋久島町永田3719
電 0997-45-2338(～21:00)　休 日・祝　駐車場 あり

公園　エリア 志戸子　MAP P.94C1

志戸子ガジュマル公園
しとこがじゅまるこうえん

巨大なガジュマルと記念撮影！

縦横無尽に根を張る巨大なガジュマルの木やアコウなどの亜熱帯植物を生育する。園内は10～15分ほどで回ることができ、遊歩道で整備されているため雨の日でも気軽に行きやすい。

交 宮之浦港から車で15分　住 屋久島町志戸子
電 0997-42-0079　時 8:30～17:00
料 240円、小・中・高校生120円　駐車場 あり

滝　エリア 一湊　MAP P.94C1

布引の滝
ぬのびきのたき

滝つぼまで気軽に行ける滝

島の最北に位置する滝で、落差はそれほど大きくないが岩肌を流れる滝を間近で見ることができる。普段は水量が少ないものの、特に大雨の直後などは水量が多くなるため、遠くからでも迫力の滝が楽しめる。

交 宮之浦港から車で約15分　住 屋久島町一湊2453　駐車場 あり

カフェ　エリア 志戸子　MAP P.94C1

kiina
きーな

森カフェでほっとひと息

緑に囲まれた愛らしい雰囲気の店内には、手作りケーキや焼菓子が並ぶ。なかでもトビウオのすり身“つけ揚げ”が入ったkiinaサンド970円は、オープン当初から好評の味。

左／志戸子集落では独自にニラを入れるため、緑色をしたつけ揚げが特徴
右上／店内では雑貨・小物類も販売している
右下／店はオーナー自身で古民家を改装

交 宮之浦港から車で10分　住 屋久島町志戸子181-97
電 080-8576-4830　時 11:00～16:00(L.O.15:30)
休 月・火・日、不定休　カード 可　駐車場 あり

voice　東シナ海展望所以外にも、県道沿いに東シナ海を望む展望所がいくつか設置されている。いずれも駐車場が設けられているので、ドライブの際に立ち寄ってみて。

豆腐店　エリア 永田　MAP P.94B3

柴とうふ店
しばとうふてん

島民に愛される清流で作る豆腐

島では唯一の豆腐屋で、作り立てが堪能できるのはここだけ。シバセット650円は製造過程で出る“豆腐の耳”がのった工場併設ならではの豆腐で、そのままいただいても絶品だ。

上／器に残った汁が一番おいしいそう　左下／自家製果物ジュースが出ることも　右下／店前にはテーブルと椅子が設置

交 宮之浦港から車で30分　住 屋久島町永田　電 0997-45-2048
時 8:00～売り切れ次第終了　休 月・日　駐車場 あり

製菓店　エリア 一湊　MAP P.94C1

平海製菓
ひらみせいか

島生まれの素朴な菓子を味わう

添加物や保存料は一切使わず、60年以上にわたり菓子を作り続ける。懐かしい味を求めて地元民も足しげく訪れ、今では平海製菓しか製造していないという郷土菓子も多数。

上／店内では菓子のほかパンも販売する　左下／観光客には目新しい菓子が多く楽しい　右下／朝は7時から開店する

交 宮之浦港から車で15分　住 屋久島町一湊268-1
電 0997-44-2058　時 7:00～18:00　休 不定休　駐車場 なし

水産加工所　エリア 一湊　MAP P.94C1

丸勝水産
まるかつすいさん

名物のサバ加工品をチェック

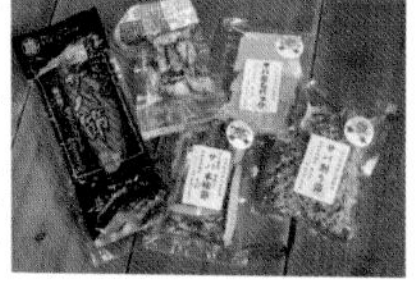

島の伝承食品であるサバ節や削り節などの製造・販売を行う江戸時代から続く老舗。昔ながらの製法を守り、半年以上の歳月をかけて完成する「サバ本枯節」は絶品だしがとれる人気商品。

交 宮之浦港から車で15分　住 屋久島町一湊166-3
電 0997-44-2311　時 8:00～17:00　休 不定休　駐車場 あり

民宿　エリア 一湊　MAP P.94C1

民宿 湊楽
みんしゅく そら

料理がおいしいアットホームな宿

漁師町である一湊らしく、近海で取れた地魚を中心とした手作り料理がいただける。刺身は作り置きせず直前に切るため鮮度も抜群だ。状況に応じて空港や港からの送迎もしている。

交 宮之浦港から車で15分　住 屋久島町一湊242-1
電 0997-44-2363　客室数 2室　料 朝夕7500円　カード 不可
駐車場 あり　URL www.satsuma.ne.jp/sora2178/index.html

民宿　エリア 永田　MAP P.94B3

民宿ながた岳
みんしゅくながただけ

ひとり旅でも楽しく過ごせる

島育ちのオーナー夫妻があたたかく出迎えてくれる全3室のこぢんまりとした民宿。地元食材をふんだんに使った料理が好評だ。ウミガメ産卵地の永田いなか浜までは徒歩15分の立地。

交 宮之浦港から車で30分　住 屋久島町永田1161-3
電 0997-45-2304　客室数 3室　料 朝夕8500円　カード 不可
駐車場 あり

コテージ　エリア 永田　MAP P.94B2

一棟貸 屋久の子の家
いっとうがし やくのこのいえ

絶景ロケーションで暮らすように泊まる

1日1組限定で宿泊できる一棟貸し切り宿。最大6名まで利用可能でキッチンや屋久杉風呂のほか、各部屋には海を一望できるテラスが設置。日常から離れた癒やしの時間を満喫できる。

交 宮之浦港から車で25分　住 屋久島町永田275　電 0997-45-2137　料 2～4名2万8000円、5～6名3万2000円(一棟貸し切り)
カード 可　駐車場 あり　URL yakunoko.jp

voice＜ 柴とうふ店では、厚揚げ、とうふハンバーグなどのテイクアウトメニューも販売している。豆腐は各集落のスーパーなどでも購入できるが、島内でも人気商品のため夕方頃には売り切れている場合も多い。

ドライブにも最適な１年を通して温暖なエリア

麦生・原・尾之間周辺

島の南東部〜南部に位置し、平均気温は 20℃前後と温暖な地域。滝や天然温泉など大自然を満喫したり、ホテルでのんびり過ごしたり、過ごし方はさまざまだ。

観る・遊ぶ

壮大な滝や温泉を巡るドライブが楽しい

尾之間集落には３つの天然温泉が湧出しており、なかでも尾之間温泉（→ P.52）は源泉 49℃のあつ湯が特徴。それぞれ泉質が異なるため比べてみるのもおもしろい。滝巡りは雨の日にもおすすめ（→ P.54）。

買う

ポンカン＆タンカンが主役のおみやげを

名産のポンカン・タンカンを使ったおみやげを手に入れたいなら、やくしま果鈴（→ P.99）へ。バラエティ豊かな商品はまとめ買いにも◎。旬の新鮮な野菜・果物が並ぶぽんたん館（→ P.99）にも行ってみよう。

食べる・飲む

南の大地で育った野菜と果実を味わう

島の特産品であるポンカン・タンカンの主産地であり農業が盛ん。食彩なからせ（→ P.66）では、島野菜をたっぷり堪能できる。飲食店も点在するが、尾之間〜安房間を車で 20 分ほど行けば選択肢は広がる。

泊まる

料理や温泉、眺望が自慢の宿でくつろぎステイ

samana hotel Yakushima、屋久島いわさきホテル（→ P.100）など天然温泉が楽しめるリゾートホテルから民宿まで幅広い。農業集落のため料理にこだわる宿も多く、旅のスタイルに合わせて選択しよう。

voice< 尾之間集落は目の前に太平洋を望み、背後には尾之間三山と呼ばれるモッチョム岳・耳岳・割石竹がそびえ立つ。山々の東西の尾根の間にある集落に由来して“尾之間”という地名が名づけられた説もある。

植物園　エリア 麦生　MAP P.97C2

屋久島有用植物リサーチパーク
やくしまゆうようしょくぶつりさーちぱーく

屋久島の植物をまるごと観察

10万㎡の広大な土地で、熱帯果樹や高山植物、ハーブや果樹など、まるで島の自然を詰め込んだような多様な植物が観察できる。園内にはトローキの滝（→P.55）が望めるフォトスポットも。

交 安房港から車で15分　住 屋久島町麦生896-1
電 0997-47-2636　時 9:00～16:00　休 無休
料 500円、小人250円　駐車場 あり

記念碑　エリア 小島　MAP P.97A3

神父シドッチ上陸記念碑
しんぷしどっちじょうりくきねんひ

最後のバテレンが上陸した歴史ある碑

江戸時代最後の宣教師であるシドッチ神父の上陸記念碑。1708年、日本への布教を志し和服にちょんまげ姿といういでたちで上陸したが、その後身柄を拘束され江戸に護送された。記念碑は岸壁にあるため眺望抜群。

交 安房港から車で25分　住 屋久島町小島　駐車場 あり

アクティビティ　エリア 原　MAP P.97B2

梢回廊キャノッピ
こずえかいろうきゃのっぴ

島の自然を体感できるひと味違った森散歩

2m～最高12mの高低差がある全長180mの空中回廊が設置され、普段は見られないさまざまな角度から木々を楽しめる。親子での参加もおすすめのアクティビティ。

上／キャノピーウォークコース　左下／海そばの立地　右下／星空観察などを行うナイトプログラムも

交 安房港から車で20分　住 屋久島町原677-44
電 0997-49-3232　時 9:00～17:00　休 水（8月は15日を除き無休）、臨時休園あり　料 1800円、大学生1500円、中・高校生1200円、小学生900円　駐車場 あり　URL canoppi.com

ハイキング　エリア 尾之間　MAP P.97B2

尾之間文化の森
おのあいだぶんかのもり

大岩と木々に囲まれた森を手軽に散策

1時間程度で回れる森でありながら、のびのびと茂る樹木や二又川の清流、巨大な岩屋などが楽しめる穴場のハイキングコース。森の中はピンクのテープを目印に進もう。

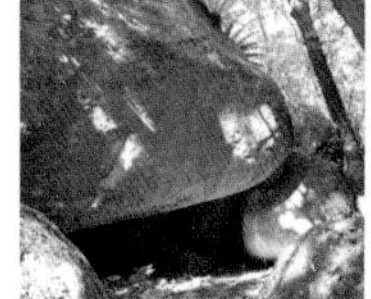

上／茂みや泥道も多いためスニーカーが◎　左下／疎開時に利用された岩屋　右下／県道沿いに案内板が立つ。ピクニックにも最適だ

交 安房港から車で20分　住 屋久島町尾之間　駐車場 なし

ジェラート　エリア 麦生　MAP P.97C1

屋久島ジェラートそらうみ
やくしまじぇらーとそらうみ

島の恵みをジェラートで味わう

島素材を使用した本格ジェラートの専門店。しおミルク、島バナナ、グアバなどバラエティ豊かな味を堪能でき、自家栽培の果物もある。旬で変わるフレーバーも楽しみのひとつ。

上／杉の精油香る橙味も人気　左下／緑広がるテラス席も設置　右下／2013年に移住・開店したオーナー夫妻

交 安房港から車で13分　住 屋久島町麦生165-8　時 13:00～17:30(L.O.17:15)、12～2月※不規則営業13:00～17:00　休 火～木　駐車場 あり　URL yakushima-gelato.jimdofree.com

Voice　毎週日曜 8:00～13:00、高平集落の県道沿いでは「高平にこにこ市」が開催される。集落で取れた新鮮な野菜や果物、手作りのパンを販売。エリア一帯は直売所が点在しており、ドライブ中に立ち寄ってみるのもおすすめだ。

カフェ　エリア 尾之間　MAP P.97A2

サロン湯の峯

さろんゆのみね

湯上り後にほっと落ち着くスイーツを

尾之間温泉の目の前にある就労継続支援B型のカフェ。「よかたん豆腐」と呼ばれる手作り豆腐を使ったスイーツが人気で、豆腐の屋久島茶クリームぜんざい400円などがいただける。

上／中には豆腐の白玉が　左下／レトロモチーフがかわいい外観にも注目　右下／野菜や手作り豆腐も販売

交 安房港から車で22分　住 屋久島町尾之間1299-3　電 0997-47-3317　時 10:00～15:30(L.O.15:00)　休 月・日　駐車場 あり

パン　エリア 尾之間　MAP P.97A3

パンとケーキのペイタ

ぱんとけーきのぺいた

親子で作る焼きたてパンがずらり

尾之間で30年以上続くパン屋で、午後には売り切れてしまうほど地元住民が足しげく通う店。サツマイモ餡入りのからいもパン220円、黒糖パン130円などのローカルパンをはじめ、毎朝焼きたてが並ぶ。

交 安房港から車で22分　住 屋久島町尾之間179
電 0997-47-3166　時 9:00～18:00　休 火・水　駐車場 あり

ドーナツ　エリア 麦生　MAP P.97C1

ALASKADONUTS

あらすかどーなつ

心ときめく、ふわふわドーナツ

北海道で7年間営業し2020年に屋久島へ移転した人気ドーナツ店。店内には10種類以上のカラフルなドーナツが並び、天然酵母を使っているため軽い食感でぺろりと食べられる。

交 安房港から車で13分　住 屋久島町麦生416-280
時 11:00～売り切れ次第終了　休 月～木、日　駐車場 あり
URL alaskadonuts.com

おみやげ　エリア 尾之間　MAP P.97B2

やくしま果鈴

やくしまかりん

素材を大切にしたスイーツをおみやげに

自家農園で収穫したタンカンや島のフルーツを使ったスイーツがずらりと並び、焼菓子からフルーツバターまですべて手作り。島を連想させるパッケージはおみやげにも最適だ。

上／季節のスムージー650円～　左下／新商品も定期的に登場　右下／店内では軽食も提供

交 安房港から車で20分　住 屋久島町尾之間672-1
電 070-8940-6721　時 10:00～17:30　休 月・日・祝
駐車場 あり　URL www.yakushima-karin.com/index.html

特産品　エリア 麦生　MAP P.97C2

ぽんたん館

ぽんたんかん

旬でおいしい農産物をチェック

ポンカン・タンカンにちなんだ店名のとおり、島で収穫した新鮮な野菜や果物が充実している。ジュースや調味料、雑貨類なども販売しており、島のおみやげはひととおり手に入る。

上／幅広いおみやげを扱う　左下／珍しい野菜がずらり　右下／県道の大きなミカンの看板が目印

交 安房港から車で15分　住 屋久島町麦生898-2
電 0997-47-2557　時 8:30～17:30　休 無休　駐車場 あり
※営業時間、定休日は2024年4月以降変更予定

voice＜　「やくしま果鈴」はカフェスペースも併設しており、スムージー以外にもフルーツバタートーストやケークサレなどフードメニューも提供。14:00以降は閉店してしまう飲食店が多いため、昼食を探している人にもありがたい。

ホテル　エリア 尾之間　MAP P.97A3

samana hotel Yakushima

さまな ほてる やくしま

上質な温泉と食事を満喫する絶景リゾート

モッチョム岳を背景に、大海原が広がる絶好のロケーションにたたずむ。源泉かけ流しの天然温泉が自慢。2024年4月下旬にリブランド・リニューアルオープン（旧：ホテル屋久島）。

上／海から山まで部屋ごとに異なる景色を堪能　左下／地産地消のブッフェ　右下／日帰り温泉も利用可

交 安房港から車で22分　住 屋久島町尾之間136-2　電 0997-47-2011　料 素1万5000円～、朝夕2万5500円～　客室数 44室（変更の可能性あり）　カード 可　駐車場 あり　URL samanahotel.jp

ホテル　エリア 尾之間　MAP P.97A2

屋久島いわさきホテル

やくしまいわさきほてる

壮大な自然に癒やされるリゾートステイ

屋久杉をふんだんに使用した天然温泉のほか、自然の滝や庭園、プールなど充実の設備でおもてなし。周囲は森や海に囲まれており、大自然を一望できる5タイプの客室が揃う。

上／部屋は絶景を望む海側と山側を用意　左下／背後にはモッチョム岳が　右下／杉の香り漂う天然温泉

交 安房港から車で25分　住 屋久島町尾之間1306　電 0997-47-3888　料 朝夕2万4200円～（別途入湯税150円）　客室数 124室　カード 可　駐車場 あり　URL yakushima.iwasakihotels.com

ペンション　エリア 尾之間　MAP P.97A3

ペンションハロー

ぺんしょんはろー

好立地で手頃に宿泊できる

気さくなオーナー夫妻が切り盛りするウッド調のペンション。各部屋に開放的なベランダも設置され、広々と快適に過ごせる。samana hotel Yakushimaや尾之間温泉までは徒歩でアクセス可能。

交 安房港から車で22分　住 屋久島町尾之間163　電 0997-47-3403　料 素4700円～、朝夕7400円～　客室数 8室　カード 不可　駐車場 あり　URL www.p-hello.com/index.html

民宿　エリア 小島　MAP P.97A3

農家民宿 山ノ瀬

のうかみんしゅく やまのせ

リピーター多数の体験を提供

果樹栽培を営む農家が切り盛りする宿で、自家製野菜とオーナーが素潜りで取った地魚を使う海鮮バーベキューが人気（要予約）。冬季はポンカン・タンカンの収穫などができる農業体験も。

交 安房港から車で20分　住 屋久島町小島17-31　電 0997-47-2862　料 素4000円　客室数 5室　カード 不可　駐車場 あり　URL www.yamanose.com

民宿　エリア 原　MAP P.97B2

いやしの民宿とんとん

いやしのみんしゅくとんとん

木のぬくもり感じるくつろぎの宿

床は素足で歩ける無塗装の杉で、館内は木の香りに包まれた癒やしの空間。島食材を使った料理は10品以上のおかずが付き、手間ひまを惜しまず毎日メニューを替えてくれるのがうれしい。

交 安房港から車で17分　住 屋久島町原916-21　電 0997-49-3560　料 朝夕9000円～　客室数 4室　カード 不可　駐車場 あり　URL ton-2.travel.coocan.jp/index.html

ペンション　エリア 尾之間　MAP P.97B2

ルアナハウス

るあなはうす

ハワイをイメージした心地よい滞在

青を基調とした宿泊棟には広々としたオープンデッキが設けられ、ハンモックにゆられながら大海原を一望できる。手作りの郷土料理は自家製野菜を使用したこだわりの味が好評だ。

交 安房港から車で20分　住 屋久島町尾之間808-38　電 0997-47-3020　料 素5500円～、朝夕8500円～　客室数 4室　カード 可　駐車場 あり　URL luana-house.com

屋久島では移住者の受け入れも積極的に行っており、なかでも多くの移住者が暮らすのが島南部を中心としたエリア。1年をとおして温暖な南の島らしい気候にひかれこの地域を選ぶ人も多いそう。

屋久島らしい動植物と出会うネイチャーエリア

平内〜栗生

島南部の平内から最西端の栗生にわたるエリアで、栗生から先は世界自然遺産エリアである西部林道へと続く。野性味あふれる海中温泉や日本の滝100選に選出された大川の滝など見どころは多い。

観る・遊ぶ

大自然を体感できるスポットが盛りだくさん

平内海中温泉、湯泊温泉（→P.53）や栗生海水浴場（→P.51）など、絶景が楽しめるスポットが点在。西部林道は車で行ける唯一の世界遺産であり、ヤクシカやヤクザルを間近で観察してみよう。

買う

おみやげ処や商店は少なめ

おみやげを扱う大型店はないが、屋久島アセンス工房（→P.103）などハイクオリティな木工品を販売する店も。栗生集落にある山下商店（→P.25）では、日用品以外にも手作りの総菜が購入できる。

食べる・飲む

足を延ばして行きたい絶好ロケーション

商店は県道沿いを中心に数軒立ち並ぶほどで、基本的に食事は民宿やホテルで。数は多くないが、シーサーシーサー(→P.68)やCAFE LA PONTO(→P.102)のようにのんびり過ごせるカフェが点在。

泊まる

海や川を眺める絶景宿で憩う

平内集落に宿が多く、西に進むにつれて数が少なくなる。栗生集落の屋久島青少年旅行村（→P.103）はバンガローも構える キャンプ場で、目の前に広がる海を眺めながらアウトドアを満喫するのもいい。

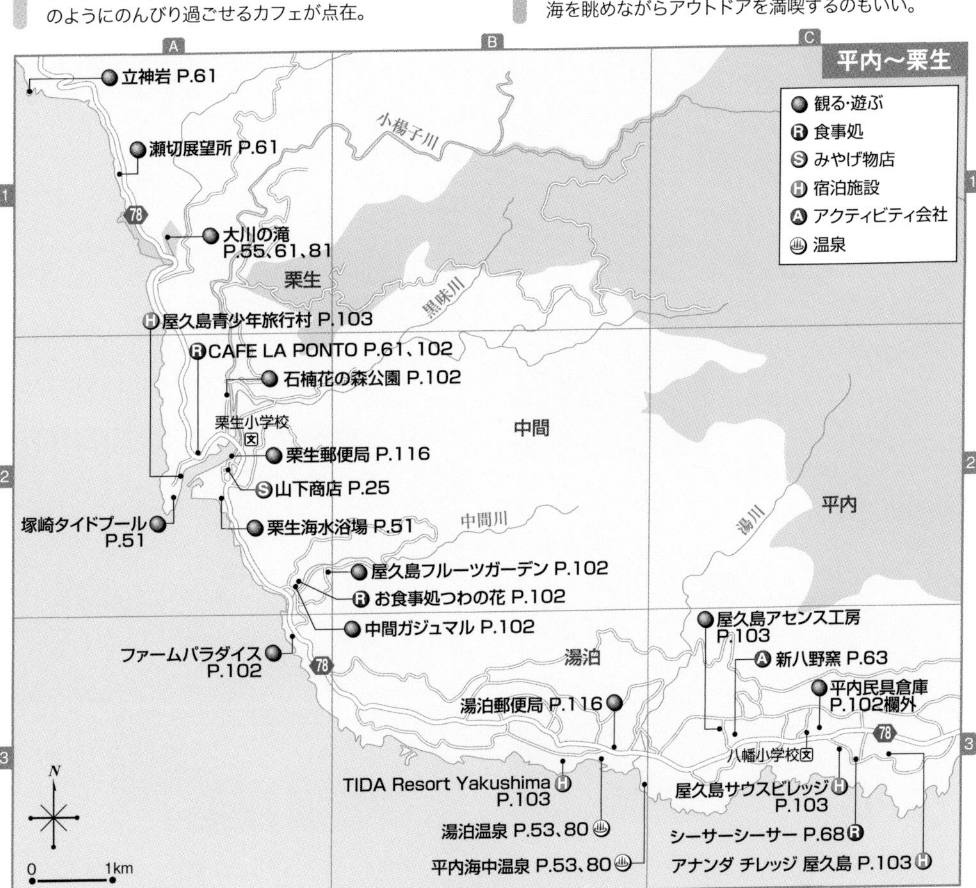

voice 現在西部林道に住居はないが、かつては集落が存在していた。明治後半〜大正初期にかけ永田集落の人々が徐々に移り住み、炭焼きや畑作で暮らしていたそう。1965年頃から木炭需要の減少から住民は去り、1967年に西部林道が開設された。

農園　エリア 中間　MAP P.101A3

ファームパラダイス
ふぁーむぱらだいす

目新しい果実や植物を発見！

73歳で広大な土地を買い、農機具を使わずたったひとりで開拓した中村馨さんの農園。グアバ、パパイヤ、バナナなど30種類以上の植物がのびのびと育つ庭を見学できる。

上／庭からは海を一望　左下／30分ほどかけて植物を解説　右下／あちこちに果実が実る

交 安房港から車で40分　住 屋久島町中間　電 080-2778-5525　時 8:00～17:00(季節により変動、不在の場合あり)　休 不定休　料 200円　カード 不可　駐車場 あり

植物園　エリア 中間　MAP P.101A2

屋久島フルーツガーデン
やくしまふるーつがーでん

南国の雰囲気漂う園内を探検

約1500種類以上の熱帯植物や果樹が生い茂る森を散策。遊歩道が整備されており、園内は歩きやすい。休憩所の「果実庵」ではフレッシュな南国のフルーツやジュースなどがいただける。

交 安房港から車で45分　住 屋久島町中間629-16　電 0997-48-2468　時 8:30～17:00(冬季休業あり、悪天候時は休業)　休 無休　料 700円、小学生350円　駐車場 あり

木　エリア 中間　MAP P.101A2

中間ガジュマル
なかまがじゅまる

自然が作り上げた巨大ガジュマルのトンネル

樹齢300年を超える島内最大のガジュマルの大木。「タコの足」とも呼ばれる空気中にむき出しになった気根が圧巻の光景を作り出している。車が通れるほどの穴になっており、アーチ下で記念撮影もできる。

交 安房港から車で40分　住 屋久島町中間　駐車場 あり

公園　エリア 栗生　MAP P.101A2

石楠花の森公園
しゃくなげのもりこうえん

春に咲く可憐な花々を楽しむ

見頃を迎える3～5月には、島の固有種ヤクシマシャクナゲを中心に色とりどりのシャクナゲが咲き誇る。遊歩道が整備されており、川のせせらぎを聞きながらのんびり散策を楽しもう。

※2024年2月現在台風被害により封鎖中

交 安房港から車で45分　住 屋久島町栗生　駐車場 あり

食事処　エリア 中間　MAP P.101A2

お食事処つわの花
おしょくじどころつわのはな

地元客が集うアットホームな食事処

中間ガジュマルをくぐった先にたたずむ食事処。定食、麺類、丼ものが揃う。つわの花定食1500円はトビウオから揚げ、つけ揚げ、カメノテ汁など名産を使い、大満足間違いなし。

交 安房港から車で40分　住 屋久島町中間669　電 0997-48-2944　時 11:00～14:00(L.O.)　休 木　駐車場 あり

カフェ　エリア 栗生　MAP P.101A2

CAFE LA PONTO
かふぇらぽんと

最西端の集落・栗生にある絶景カフェ

西部林道に入る際の最後の飲食店で、営業時間を問わずフード&ドリンクがいただける。テラス席からは海とトカラ列島が一望でき、絶景とともにゆったりとした時間を満喫しよう。

※昼の混雑時は3名以上の来店は不可

上／焼きカレー1000円　左下／店主こだわりのウインナコーヒー　右下／店内は完全バリアフリー

交 安房港から車で45分　住 屋久島町栗生2974　電 0997-48-2110　時 9:00～18:00(L.O.17:30)　休 水・木　カード 可　駐車場 あり　URL laponto.jp

voice＜ 屋久島町が管理する「平内民具倉庫」では、実際に島で使用されていた貴重な民具の数々を収蔵。月に2回公開日が設けられており、見学ができる。MAP P.101C3　時 9:00～17:00(毎月第2土・日)　料 無料

木製品 エリア 平内 MAP P.101C3

屋久島アセンス工房
やくしまあせんすこうぼう

あたたかみのある手作り木工品

アクセサリーやインテリア雑貨など、デザインから製作までハンドメイドの木製品を販売する。屋久杉や島の木々を使った作品はおみやげにもぴったり。手作りならではの心和む表情にもご注目。

交 安房港から車で30分 住 屋久島町平内622-2
電 0997-47-3185 時 9:00～17:00 休 不定休 カード 不可
駐車場 あり URL craftasensu.cloud-line.com

コテージ エリア 湯泊 MAP P.101B3

TIDA Resort Yakushima
てぃーだ りぞーと やくしま

絶品料理がいただける一棟貸しコテージ

地杉をベースにした全4棟のコテージは、全室がオーシャンビュー。2023年にリニューアルした絶景のレストラン棟では、地産地消のオリジナル料理が味わえる。(旧：屋久島 海の胡汀路 てぃーだ)

交 安房港から車で35分 住 屋久島町湯泊211-52 電 0997-49-8750 料 素1万2000円～、朝夕2万1000円～ 客室数 4棟
カード 可 駐車場 あり URL www.yakushima-tida.com/ja

ゲストハウス エリア 平内 MAP P.101C3

屋久島サウスビレッジ
やくしまさうすびれっじ

緑に囲まれ静かな滞在を楽しめる

木を基調とした館内にはドミトリーと個室のほか、長期滞在用のシェアハウスも完備。共用スペースはコワーキングにも最適で、ゲスト同士で交流できる居心地のよい空間だ。

上／天井が高く広々とした空間
左下／杉作りの落ち着く部屋
右下／Wi-Fi環境が整い屋外でも快適

交 安房港から車で29分 住 屋久島町平内258-24
電 0997-47-3751 料 素3300円～ 客室数 8室 カード 可
駐車場 あり URL yakushimasouth.wixsite.com/south

ホテル エリア 平内 MAP P.101C3

アナンダ チレッジ 屋久島
あなんだ ちれっじ やくしま

島の暮らしと自然に溶け込むホテルステイ

ヨガスタジオが併設された1日2組限定のホテル。北欧ヴィンテージや職人によるハンドメイドベッドなど洗練された家具が置かれ、海と緑に囲まれた穏やかな時間が過ごせる。

上／海を一望
左下／夜は星空もきれい
右下／本棚に囲まれた共用スペースで朝食を提供する

交 安房港から車で28分 住 屋久島町平内349-69
料 朝1万円～ 客室数 2室 カード 可
駐車場 あり URL anandachillage.com

キャンプ エリア 栗生 MAP P.101A2

屋久島青少年旅行村
やくしませいしょうねんりょこうむら

お手軽にアウトドアを体験できる

栗生川や塚崎タイドプールにも近いキャンプ場。炊事棟やシャワー室、トイレが付いた全9棟のバンガローも備える。テントや毛布の貸し出しも行うなど気軽に宿泊できるのが魅力。

上／冷房も完備し夏でも快適
左下／管理棟で受付をする
右下／塚崎タイドプールまでは徒歩5分ほど

交 安房港から車で45分 住 屋久島町栗生2911-2 電 0997-48-2871 料 入村440円、テント持ち込み1張220円、バンガロー1万3000円～（4月1日～10月31日） 客室数 9棟 カード 不可 駐車場 あり

voice< 栗生川のほとりにある「松竹」では、屋久島の水でしめた絶品の手打ち蕎麦がいただける。店内は屋久杉が香る趣のある雰囲気で、居心地のよいくつろぎの空間が広がっている。

屋久島
島人インタビュー
4
Islanders' Interview

真面目な商売をしている人を島の目線で応援したい

店内やフェリー待合所で飲むこともでき、窓の向こうに広がる山々を眺めながら楽しむのも◎

一湊珈琲焙煎所
たかだ
高田 みかこ さん

コーヒー豆やカフェオレベースなどおみやげも多数。宮之浦港を利用する際にはぜひ立ち寄ってみて

1杯のコーヒーがつなぐコミュニケーションの場

フェリー待合所の2階に上がると、レトロな外観とは打って変わって、明るい木の空間が広がる。香ばしいコーヒーの香り漂う店内には、屋久島関連の書籍やグッズ、自家焙煎の豆などが並ぶ。ここで夫の忠幸さんとともに「一湊珈琲焙煎所」を営むのは、高田みかこさん。中学まで島で過ごしたあと、学生生活を経て東京で5年ほど雑誌・新聞のライターや書籍編集をした。

「初めは東京で仕事をしながら、夏限定で海の家のような店として始めました。Uターンしたのは、『ネット通販も早く届くし暮らせる離島だ』と言うパートナーの言葉がきっかけ。コーヒーのことはゼロから学んだので、納得のいく焙煎ができるまでは時間もお金もかかりましたね」

忠幸さんとともにカウンターに立ち、1杯ずつていねいに入れたコーヒーを提供している

自分が好きな島の魅力をウェブや書籍でシェア

高田さんは店を営むかたわら、島の魅力や情報を発信するウェブサイト『屋久島経済新聞』や『やくしまじかん』で記事を執筆する。2019年には屋久島のガイドブック、『Hello！ 屋久島』を出版した。

「縄文杉とか白谷雲水峡に人が集中するのがもったいないなあと思うんです。私が運動も運転も苦手で、細い道とかハードな登山もしたくないって気持ちがあって（笑）。そこを意識したアイデアを込めています。島の店は作る人が同時に売る人であることも多いから、その距離感も楽しいんですよ」

そう話す高田さんの口からは、「あそこはおもしろいですよ」「このお店はこれがおいしくて……」と次々と島の魅力が語られる。

「発信を通して、可能な限り地域にお金が落ちるようになればいいなとは思っています。私自身も商売をしているので、誠実な商いをしている人を応援したいっていう気持ちがすごくあるんです。同時に老舗とか昔の話とか、失われる記憶や記録を残したいということも意識していますね」

屋久島の今と将来を見据えながら、島のカルチャーを発信し続ける。

一湊珈琲焙煎所→ P.84

よく知ると、もっと屋久島が好きになる

屋久島の深め方

More about Yakushima

海上の孤島として独自の景観や生態系をもつ屋久島。
島の今昔や地理、気候のヒミツを探っていくと
さまざまな発展を遂げてきた固有の文化が見えてくる。

多彩な動植物が生きる世界自然遺産の島

屋久島の地理と産業

東京と台湾のほぼ真ん中日本最大級の島

東京と台湾からそれぞれ約1000kmに位置し、九州最南端の佐多岬から南南西に約60kmの場所に浮かぶ屋久島。近隣の種子島や口永良部島などとともに大隅諸島を形成する。面積は鹿児島県内の島で2位の約504㎢と国内全体で見ても大きい。東西に約28km、南北に約24km、周囲約130kmの円形に近い五角形をしたこの島は、ほぼ全域が山地からなり自然豊か。九州最高峰の宮之浦岳(1936m)を主峰として、1800m超えの山岳10座と1000m以上の山岳が46連座しており、「洋上アルプス」とたたえられる。1993年、宮之浦岳を含む屋久杉の自生林や西部林道付近など約10.7ヘクタールがユネスコの世界遺産に登録され、白神山地とともに日本初の世界自然遺産となった。

視界いっぱいに広がる山々は訪れる観光客を魅了する

花崗岩の上に成り立つ豊かな植生

屋久島は約1550万年前の地殻変動により、海底に埋まっていた花崗岩が上昇して形作られた。その土台には島を取り囲む砂岩、泥岩などの堆積岩が幾重にも重なった地層がみられる。花崗岩は1000年間に約1mの速いスピードで持ち上がってきたため、雨水による浸水を受けても高い山々が連なる山岳島となった。標高差が生まれたおかげで、本来温暖な地域にもかかわらず亜熱帯から冷温帯までの植物が豊かに育まれてきた。1000m程度までの低地には照葉樹、それを超えると針葉樹の杉、1800m以上の高地にはシャクナゲなどが自生する。このような植生は高い山の少ない南日本では珍しい。ひとつの島でさまざまな草花に出会えるのが屋久島の自然の魅力だ。

高山帯のヤクシマシャクナゲは6月はじめに満開を迎える

「月に35日雨が降る」水の島

毎日島のどこかで雨が降る、といわれるほど屋久島では雨が多い。屋久島空港にある観測所での年間降水量は4700mmと、鹿児島市の年間平均降水量の2倍前後をマークしている。これは近海を流れる黒潮から多量の水蒸気を含んだ空気が、島に連なる山の斜面を上昇して雲になることが要因だ。また、付近は台風が進路を変えるエリアにあたり、風雨が長く続きやすい。島内では地域によって降水量の違いがあり、東部では多く、南部・西部では比較的少ない。山岳地帯は最も雨が多く年間降水量は8000mmにも及び、奥岳付近では冬季は数ヵ月もの間雪に覆われる。雨は生活の源となり山々の緑を育て、川や滝を形成し、島独自の景観を形作っている。

紀元杉付近に湧き出る「紀元命水」はレンタカーで行ける

屋久島を支える産業

漁業

暖流・黒潮が生んだ主要産業

古くから漁業が盛んで、現在ではサバ漁とトビウオ漁が主流。ゴマサバはサバ節となって関東方面のそば屋にも出荷。トビウオは一夜干しや、つけ揚げなどに加工される。

島外では珍しいサバのなまり節はさまざまな料理に使える

農業

全国で人気の柑橘類

大正時代から本格的に導入されたポンカンと鹿児島ブランドにも登録されているタンカンが主要な農産物。ジュースやジャム、焼菓子などにも加工されている。

島の南部に生産農家が多い

畜産業

近年注目のブランド牛も

島内にある町営の牧場で仔牛の生産が行われている。近年では島のオリジナル飼料で育てた屋久島ブランドの「縄文牛」も誕生し、あっさりした脂身が特徴だ。

縄文牛は島内の焼肉屋「れんが屋」へ (→P.67)

製薬業

薬草の島としても知られる

屋久島に自生するショウガ科のガジュツを主薬に、生薬をブレンドした胃腸薬が製造されている。収穫したガジュツを乾燥させ、製粉、調合の後、全国に出荷されている。

ガジュツの根が健胃薬の原料となる

voice< 口永良部島はひょうたん型をした最高標高657mの火山島で、約50万年前から現在にいたるまで10個の火山が噴火して形成された。島民は火山とともに暮らし、2015年に新岳で噴火が起こったが全島民が無事に避難することができた。

ユネスコの世界自然遺産である屋久島は、世界中から観光客が訪れる。美しい山々が織りなす自然に抱かれ、島の人々が大切にしてきた伝統文化に触れることで唯一無二の体験ができるだろう。

Geography of Yakushima

「海に十日、里に十日、山に十日」の暮らし

山・海・里、そのすべての恵みを大切に享受してきた人々の生活は、時代とともに変化してきた。漁業ではカツオ漁からサバ・トビウオ漁へ、農業ではタンカン・ポンカンの導入、そして製薬業や醸造業、観光業の発展や電力、西部林道の開通などのさまざまな進化を歩んできた屋久島。高度経済成長期には若手の島外への流出で担い手を失い、一度は途絶えかけた「岳参り」(→ P.111) などの伝統文化も島を思う地元民の手によって復活を遂げている。「十五夜の大綱引き」(→ P.110) など、各集落に伝わる伝統行事は今も健在だ。地のものを生かし、生かされている屋久島の人々は、古くからの伝統を守りながらも世界中から訪れる観光客をあたたかく出迎えてくれる。

集落ごとに行われる「岳参り」は、山岳信仰の重要行事

自然の営みによる水の循環
島の恵みを生かした水力発電

日本一雨が降るといわれ、1800 m級の山を擁する屋久島は、水力資源を存分に生かし、1960 年から島で使う電力のほぼすべてを水力で発電している。1952 年から屋久島電工が安房川水系の開発を始め、現在では安房川第一、第二、千尋滝の水力発電所が稼働。また、九州電力が管理する小規模の水力発電所もある。渇水時に島内の電力供給を維持するため、火力発電設備も用意されているが、水が足りずに火力発電を行うことはほぼないという。また、島を4つのエリアに分け、農協や協同組合などの3組合と九州電力の1社が屋久島電工から電力を購入。エリアごとに配電する仕組みになっており、今日まで地元の雇用も増えて島内の経済も循環している。そのため屋久島は「脱炭素に一番近い島」と呼ばれ、自然エネルギー活用のお手本として近年注目を集めている。

豊富な雨量が島の水力発電の源となっている

水源となる荒川ダム。ダムの落差を利用する水力発電は、標高差のある地形と豊富な雨が降る屋久島には最適な発電法といえる

酒造業
九州ならではの特産品

豊富な軟水を生かし、芋焼酎の醸造が行われている。本坊酒造と三岳酒造の2軒 (→ P.70) が切磋琢磨して島内や鹿児島県内の原料も使った本格焼酎を製造する。

焼酎の仕込み作業は男性のみで行う重労働

伝統工芸
島の木材を生かした品々

屋久杉工芸品はおみやげにも最適。インテリア、アクセサリー、小物雑貨などバラエティも豊富だ。杉の舎 仙人村 (→ P.62) では屋久杉を使った箸作り体験ができる。

まるで博物館のような貴重な屋久杉工芸品を販売

2019 年に完成
地杉を使用した屋久島庁舎

生まれ変わった新庁舎は屋久杉の苗木や接ぎ木から植林された樹齢 50 年ほどの「地杉」を使用して建てられた。緑が生い茂る中庭を取り囲む木造建築は、フォーラム棟、窓口棟、事務棟、議会棟の4棟に分けられる。屋根は雨仕舞のシンプルな切妻の瓦屋根というのも屋久島らしい。杉の香りが漂う屋久島のランドマークは町民活動の場所を兼ねた公共施設である。ぜひ一度見学に訪れることをおすすめする。

MAP P.82C2 交 屋久島空港から車で3分 住 屋久島町小瀬田 849-20
時 8:30 ～ 17:15 (開庁日のみ)

voice< 屋久島の中心部にそびえる 1800m 級の山々を「奥岳」、麓から見える山は「前岳」と呼ばれる。そのため奥岳は里から眺めることはできないが、島第2の高峰である「永田岳」のみ永田集落から雄大な姿を望むことができる。

屋久杉に抱かれ、屋久杉に翻弄されてきた

屋久島の歴史

大正時代	1921年	「屋久島国有林経営の大綱（屋久島憲法）」が発布され、国有林を住民に利益となる取り扱いとした
	1914年	イギリス人植物学者・ウィルソン博士が来島調査しウィルソン株を世界に紹介
明治時代	1904年	上・下屋久村が農商務大臣に対して、国有山林下戻請求の行政訴訟を提起
	1897年	屋久島灯台完成、点灯
	1889年	上屋久村・下屋久村の二村となり町村制施行
	1882年	屋久島総面積の90％以上が国有林となる
	1871年	廃藩置県により鹿児島県熊毛郡に属する
	1869年	版籍奉還とともに島の8割強が明治政府官林となる
江戸時代	1862年	西郷隆盛、奄美大島への配流の途中、一湊に上陸7泊
	1826年	屋久杉を加工した平木の藩外への移出が禁止される
	1812年	伊能忠敬が上陸し、測量を行う
	1708年	イタリア人宣教師・シドッチが屋久島に上陸。以降薩摩藩は外国船の監視に注力
	1640年	泊如竹の献策により屋久杉の一般活用が開始
	1624年	島津氏の命令により琉球交易が開始
	1612年	屋久島が島津氏の直轄領となる
安土・桃山時代	1595年	太閤検地が行われ、薩摩藩島津氏の領地となり、森林資源の厳しい統制が敷かれる
室町時代	1570年	儒学者の泊如竹（とまり じょちく）が安房に生まれる
	1543年	種子島氏と大隅半島南部の禰寝氏との間で屋久島をめぐる禰寝合戦が行われる
	1524年	種子島忠時、楠川・吉田に築城する
	1408年	島津氏が種子島氏に屋久島と口永良部島を与える
奈良時代	753年	鑑真・吉備真備を乗せた遣唐使船が屋久島に漂着
飛鳥時代	702年	朝廷により種子島と屋久島をまとめ多褹嶋（たねがしま）が設置
	616年以降	日本書紀に「掖玖」・「夜句」として集中的に登場
	607年	遣隋使の小野妹子が布甲（鎧）を見て、「夷耶久人（いやくじん）の使用しているものである」と述べる
弥生時代		弥生式土器が一湊松山遺跡から出土
縄文時代	前期	轟式土器、曽畑式土器などが一湊松山遺跡などから出土
旧石器時代		少なくともこの頃には人の生活があったとされる※阿姑ヶ山遺跡（平内集落）
有史以前		中生代終わり頃から始まった地殻変動により屋久島の原形が形作られる

西日本有数規模の横峯遺跡

約4000年前にヒトの暮らした跡が発掘された横峯遺跡は春牧集落に位置し、前岳を背にして海岸までは約1km、近くには川や湧水点もある。西日本では珍しく多数の竪穴式住居跡が密集しており、発掘済みのものだけでその数は126基にものぼる。ほかにも、住居群を取り囲む土杭群からは石皿などの土器などが多数見つかった。現在、遺跡内の林には竪穴式住居が復元されている。

縄文の生活を想起させるたたずまい

種子島氏による支配

1408年に島津氏から屋久島と口永良部島を与えられた種子島氏は、琉球貿易と日明貿易、島津氏と朝廷の仲立ちなどで力をつけていく。15世紀後半、造船材としての杉の需要が高まると、法華宗に宗旨替えし山岳信仰に守られていた山林の開発を活発化させた。その後、木材資源の宝庫となった屋久島は禰寝氏に侵略されるも奪還、江戸時代まで種子島氏の支配が続くことになる。

平家落人上陸の伝説が残る吉田集落の「日高神社」

voice

詩人・山尾三省は、1977年に家族とともに屋久島の一湊白川山に移住し、2001年にその生涯を閉じるまで屋久島で暮らした。島での自然生活から得た体験や思想を詩に綴り、屋久島を代表する詩人として知られている。

History of Yakushima

古代から南方の島々とつながり、遣唐使の時代には海上の要衝として重要な役割を果たした屋久島。そして何より世界に誇る屋久杉の原生林をめぐって、激動の時代を歩んできた島の歴史は、旅をより趣深いものにしてくれるだろう。

平成時代

- 2015年 口永良部島の新岳が噴火
- 2012年 口永良部島の全域が屋久島国立公園に指定される
- 2007年 上屋久町と屋久町が合併し屋久島町誕生
- 1995年 永田ウミガメ連絡協議会によって有料のウミガメ観察会が開催される
- 貴重な自然を生かした地域づくり・保全のための「屋久島憲章」を制定
- 1993年 世界自然遺産に登録される

昭和時代

- 1972年 当時の皇太子・同妃殿下が屋久島を視察
- 1971年 荒川屋久杉観賞林（現：ヤクスギランド）がオープンする
- 1969年 林野庁が「屋久島国有林の自然保護に関する調査団」を派遣
- 1967年 西部林道の完成により屋久島一周車道完成
- 1966年 地元民により縄文杉が発見され「大岩杉」と名づける
- 1964年 屋久島が霧島国立公園に編入され、霧島屋久国立公園となる
- 1963年 屋久島空港、鹿児島線の就航開始
- 1960年 屋久島電工株式会社により屋久島全島に電力供給が開始
- 1959年 下屋久村が町制を施行し、屋久町となる
- 1958年 上屋久村が町制を施行し、上屋久町となる
- 1954年 屋久杉原始林が特別天然記念物に指定される
- 1945年 屋久島空襲被災（栗生、原、安房、宮之浦、一湊）

大正時代

- 1925年 台湾よりポンカン導入
- 1924年 学術保護林（屋久杉原始林）が国の天然記念物に指定される
- 1923年 小杉谷にいたる森林軌道の敷設、沿岸道路の建設が開始

まぼろしの民謡“まつばんだ”とは？

屋久島には本土からもち込まれた民謡や、南から島々を渡って流れ着いた音階が混ざり合ったような歌が定着している。古くから屋久島に伝わる「まつばんだ」という民謡は、琉球音階の要素をもち、かつては祝い歌として屋久島全土の宴席や厄落としなどの重要な場面で歌われてきた。

「屋久のお嶽を愚かに思うなよ　金の蔵よりゃなお宝」。厳しい自然への畏敬が込められているその歌は、音階の高低差が激しく難解で、歌える人がほとんどいないまぼろしの古謡と化していった。しかし近年、地元の歌い手による活動によって復活の兆しを見せている。2020年には地元高校生の提案により町の防災無線から流れる時報に採用され、夕暮れ時の屋久島に島人の心を歌い継いできた「まつばんだ」のメロディが響き渡った。

高低差の激しい音程は屋久島の険しい山々を想起させる

江戸

薩摩藩による支配と屋久杉伐採の促進

江戸時代に入り、屋久島を領地とした薩摩藩島津氏は1595年に「屋久島置目」を発布。これによって森林伐採は厳しく規制され、木材の独占権を確立した。米作や畑作に適さない屋久島では年貢を屋久杉を加工した「平木」で納めており、島民たちは島津氏の独占のために困窮してしまう。それを見た安房出身の儒学者・泊如竹が人々のために藩にかけあい、伐採指導などを行って経済復興に尽力。今でも「屋久聖人」として語り継がれている。

一湊集落の海岸には「西郷隆盛上陸の地」が立つ

明治〜現代

国有化、そして世界自然遺産へ

1869年の版籍奉還とともに島の大部分が政府官林となる。生活資源でもある共有林を奪われた島民たちは、1904年に行政訴訟を提起するも敗訴。1921年、ようやく政府が「屋久島国有林経営の大綱」を公布し、地元住民の利益が尊重された。戦後に自然保護の熱が高まっていった屋久島は「縄文杉」の発見も後押しとなり、1993年には日本初のユネスコ世界自然遺産に登録された。

縄文杉の発見時は「大岩杉」と呼ばれていた

voice　1708年に屋久島に上陸したイタリア人宣教師シドッチは、江戸幕府に拘束された後に儒学者である新井白石の尋問を受け、豊かな学識は『西洋紀聞』などの著作にまとめられた。シドッチは1714年に病死したが、2014年の発掘調査で遺骨が出土した。

伝統行事から新しいイベントまでめじろ押し

屋久島の祭り歳時記

1月

鬼火焚き

1月7日　全集落

春の七草の日に広場や港などで竹やウバメガシを使って火を焚き、その上につるした鬼の絵を目がけて石や火矢を放って災いを祓う。

燃え残った木は持ち帰って魔よけにする

2月

サイクリング屋久島

2月　島全土

島を一周するコースを自転車で走り抜けるイベント。沿道では地元住民が声援を送り、あたたかい気持ちで屋久島の自然を体感できる。

3月

栗生神社の浜下り

2月25日　栗生

神様が年に1回、春を迎える浜での潮遊びにちなんだ清めの行事。氏子総代を先頭に、赤と青の王面、鎧兜の武者などの行列が続く。浜に着くと神事を行い、集落の繁栄を願う。

4月

宮之浦春まつり

4月29日　宮之浦

五穀豊穣や大漁を祈る益救神社の例大祭を起源とする春祭り。神輿パレードや宮之浦集落の各地区ごとに趣向を凝らした舞台演芸が行われる。

屋久杉を使用した神輿が町を練り歩く

5月

楠川城まつり

5月5日　楠川

日本で最初に火縄銃が使われたといわれる楠川城跡で行われる。特設ステージでは、火縄銃を使った演舞や地元の小学生が歴史学習の成果を披露する。

如竹踊り

5月25日　安房

屋久聖人と称される泊如竹の命日に如竹廟で奉納する。鹿児島県の無形民俗文化財に指定され、武士の姿で扇子を持った男性だけが踊る。

旋律はゆっくりで、能の面影を残す

7月

六月灯

7月　各集落の神社

鹿児島地方の夏の風物詩で、伝染病や稲の害虫を防ぐため神仏に夜通し灯を奉じる。島民たちが持ち寄った手作りの灯籠が寺社や川沿いを照らす。

7月

一湊浜まつり

7月　一湊

美しい海を誇る一湊の漁港で行われる夏祭り。神事や船団パレード、全国的に見ても珍しいサバのつかみ取りが開催される。

海にたなびく色とりどりの大漁旗は圧巻

8月

尾之間温泉祭り

7月最終土曜日

尾之間

婦人会、老人会、地元の子供たちの踊り連が尾之間音頭やハンヤ節にあわせて練り歩く。出店も並び人々でにぎわう。

やくしま夏まつり

8月11日

安房

安房港などで開かれる納涼イベント。昼の部はカヌー教室や遊覧漁船、夜の部は屋台が出店し舞台演芸、花火大会も開催。

屋久島ご神山まつり

8月　宮之浦

屋久島の山岳信仰を踏まえた伝統・文化の継承が目的の夏祭り。踊り連のパレードや、神事、花火大会、抽選会が行われる。

永田、栗生から臨時のバスも出る

9月

十五夜祭

9月　各集落

大綱を大蛇のように巻き上げ夜を待ち、中秋の名月とともに「上唄」をささげて綱を伸ばす。終了後には集落総当たりの相撲も行われる。

ほぼ全集落で開催されている

10月

やくしま森祭り

10月　宮之浦

2006年に誕生した音楽祭。自然への感謝を忘れず、最小限の電力で運営され、会場の照明のキャンドルが幻想的なステージを作り上げる。

毎年さまざまなジャンルのミュージシャンが来島

11月

屋久島夢祭り

11月上旬

安房

2014年から始まった祭り。安房川河口の開放的な空間に1万基を超える灯籠がともる情景は圧巻。会場となる如竹通りは歩行者天国となる。

12月

益救神太鼓年越祭

12月31日

宮之浦

大晦日の益救神社に神々が降りてきて太鼓を打ち合う。激しく太鼓が鳴り響くなか、善の神が松明を振り回してゆく年くる年の厄災を祓ってくれる。

この日を狙って見学にくる観光客もいるという

voice＜ 島の集落を歩いていると、小さな祠にたたずむ恵比寿様が目に入る。港のそばにあり豊漁をもたらす「浜エビス」と商売繁盛や豊穣を祈願する「岡エビス」があり、古くから里の人々に大切に祀られてきた。

山にまつわる行事と民話

屋久島に連なる壮大な山々は神宿る祈りの対象として敬われ、畏敬の思いは現代にも受け継がれている。

岳参り

屋久島の山岳信仰を象徴する集落ごとに継承された伝統行事

山の神に人々の健康と集落の繁栄・安泰を願う岳参り。およそ500年前に法華宗の日増上人が八重岳の震動を鎮めたことが始まりとされ、各集落で独自の岳参りが継承されている。年に1～2回、所願（ところがん）と呼ばれる代表者が選ばれ、身を清めて山に登り、山頂で祈祷を行う。帰路でシャクナゲをつみ､山と里の境界で行われる儀式「サカムケ」を経て1日がかりで行程を終える。戦後、多くの集落で継承が途絶えたが近年復活の兆しを見せている。

1 願解きがされたあと願掛けの祝詞が読まれる　2 登山口から山頂まで片道8kmを2時間半～3時間半で登りきる　3 塩、米、焼酎、海砂をお供えする　4 松明をかかげて浜に整列し、所願のふたりがサカキの枝で身を清め、潮にぬれた砂を竹筒に取り出発

森・水開き

島に観光シーズンの到来を告げる

春の長雨が終わる3月、登山客やレジャー客の安全を祈願して執り行われる。神事のあとは林野庁や地元の協議会、屋久島のガイドなどが集まり歩道の清掃や危険箇所の確認なども行う。

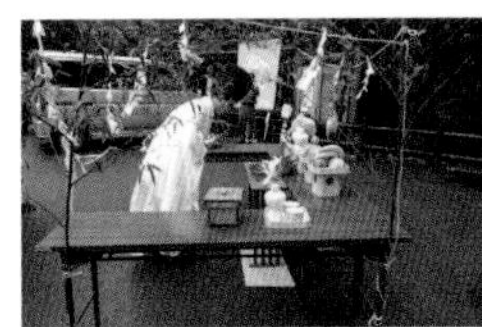

3月以降は登山シーズンに入り、山や川、海へ観光客が集まる

山ん神祭り（やまんかんまつり）

旧暦の正月、5・9月の16日に実施

この日は神様が潮汲みのために山を降りて海に向かうとされ、畏怖と尊敬を込め山に入ってはいけないと言い伝えられる。山仕事に従事する人々は仕事を休み、神事や宴会を行う。

神様の通り道は「オサキスジ」と呼ばれている

山にまつわる民話

山への畏敬の念が残る屋久島で古くから残る山の妖怪伝説をご紹介。

山姫（やまひめ）

屋久島で最も有名な妖怪。山中の人通りの少ない場所に背を向けて現れる美女で、背は高く色白で髪は紫と伝承されている。振り向いてほほ笑まれると吸血されて死んでしまうが、先にこちらが笑うことができれば逃れられると伝えられている。

山のオン助

猟師が山中で野営をする際に、火を焚いて張る結界を忘れると現れるとされる。姿も痕跡も残さず、周囲で恐ろしげな声や斧の音、大木の倒れる音などが鳴り響き人々を怖がらせる山の怪異だ。「げじべえ」と呼ばれることもある。

voice＜ 岳参りで、里に残った女性たちは帰路についた所願たちをねぎらうため1日がかりで郷土料理を準備する。地魚、タケノコ、鹿肉など島で取れたさまざまな食事が並び、岳参りの参加者にとっては唯一のごほうびでもある。

江戸から続く歴史と技術を守り続ける

島の手しごと

丸勝水産

眞邉 勝志さん ＊ Katsushi Manabe

1. 文政5年「諸国鰹節番付表」で西の最高位に役島（＝屋久島）の名が
2. 削り節や、カビ付けに入る前の柔らかいなまり節とサバスモークなども
3. 一本釣りによる漁が行われ、さばく作業は女性が担っていた

“東の大関は土佐の清水節、西の大関は薩摩の役島節”と称され、明治期までカツオ漁場として栄えた屋久島。大正中期頃からサバ漁に代わり、一湊集落は港町として活気づき多くのサバ節工場が立ち並んだ。

「その当時は地場産業として盛んでしたが、漁獲量が徐々に減り今はうちを含め2軒だけです」

そう語るのは文化5年創始、丸勝水産七代目の眞邉勝志さん。一湊で生まれ育ち、現在は弟の勝信さんと工場を経営する。

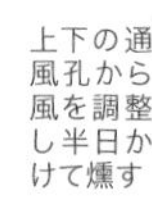

上下の通風孔から風を調整し半日かけて燻す

島のサバ節は上質なだしがとれる『ヤクサバ』というブランドで関東のそば店で愛用する店は多かった。高く評価された理由にはカビ付けと天日干しに最適な高温多湿の気候も関係している。良質なカビはうま味成分を生み出し、実に1年以上をかけて「サバの本枯節」は完成する。さらに味を左右する燻しの工程も肝心。丸勝水産は島では唯一、古式直火窯製法にこだわり燻しを行う。

「燻しに使う薪は島の広葉樹。油分・水分、天候を見て火力を調整するため経験や勘も必要ですが、風味や香りも格段に上がるんです」

製造工程で発生したサバの頭や骨も肥料にするなど余すことなく使い切る。

「工場から出た煙が雲になって雨を降らせその養分を魚が食べる。自然の循環とともに成り立っているんです」

屋久島のサバ節は、自然と人の技が融合して作られた名産品だ。

なまり節はラッキョウやタマネギとあえるのが島民流

自然の恩恵なしには成り立たない 島唯一の伝統製法で作り出すサバ節

Profile＊まなべ かつし

丸勝水産株式会社・代表取締役。島では唯一となる古式直火窯製法を守り、サバ節製造を行っている。新たなみやげ品の開発にも取り組む。

voice＜ 伝統的な漁法として、かつて一湊では一本釣りのサバ漁が行われていた。漁獲後に鮮度を保つため血抜きをした「首折れサバ」は島の伝統的な食材。鮮度が命の首折れサバの刺身は島外では出回らない貴重な一品のため、ぜひご賞味あれ。

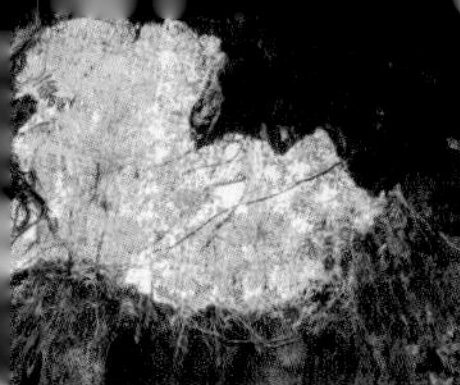

求めていた自然に出会い、
キャンバスに描く島暮らし

島に恋して

屋久島の森は唯一無二の存在。
生命豊かな島に住むことで、
自分なりの作品を見つけました

画家
高田 裕子さん

上／移住後まもなく手がけたという本坊酒造（→ P.71）の焼酎ラベルもチェック
下／ミホノスギと合わせて“大好きな杉”と話す、屋久島第２の巨木・大和杉を描いた作品

『共生 - 大和杉』

想像だった世界が屋久島に 森の風景を描き続ける

絵の前に立つと苔や葉の無数の生命力に包まれ、まるで屋久島の森にいるかのように錯覚する。描いたのは2009年に屋久島に移住した画家の高田裕子さん。

「白谷雲水峡に偶然旅行で訪れて、そこで出会った景色に衝撃を受けました。これまで空想として描いていた世界が目の前に広がっていて、直感的にこの森を描きたいと思ったんです。住んでいた大阪で同じ森を描いても無意識に色の作り方を変えてしまい、移住を決意しました」

移住後は、海や空など何気ない風景の美しさにも感動し、描きたいものが増えていったという。なかでも好んで描く題材は苔や植物が茂る森の風景がほとんどだ。

「縄文杉への登山コースに“翁杉”という屋久杉があったのですが、2010年に倒れてしまうという出来事があったんです。大好きで作品のモチーフにもしていたのでとてもショックでしたが、2000年も生きた杉が土に還る瞬間を見て、同時に私たちの命の短さも突きつけられたように感じました。圧倒的な生命を目の前にしたときの無力感は、限られた時間をどう生きるか考える前向きな気持ちにしてくれるんです」

一つひとつ命を宿すかのように繊細に描かれた作品の数々。高田さんの作品は“森への窓”と称されることもある。

「絵を通して森とつながって楽になったり、癒やしを感じたりしてくれる人がいればうれしいですね。私にとって屋久島の森は自分を救ってくれた特別な存在。ずっとここにいたいなと思ってます」

やわら香（→ P.62）のアロマスプレーラベルも高田さんの作品

Profile ＊ たかだ ゆうこ

福井県出身。画家としておよそ８年活動したあと、2009年に屋久島に移住。屋久島の森をモチーフとした作品を描く。2015年に屋久島・平内にて、ジュエリー作家である夫の中村圭さんと「しずくギャラリー」（予約制）を設立。

voice＜ 高田さんお気に入りの杉「大和杉」と「ミホノスギ」は、どちらもヤクスギランドを抜けた深遠な森にたたずむ巨木。特に大和杉は、縄文杉に次ぐ大きさともいわれ推定樹齢は3000～4000年とも。見てみたい場合には、ガイド同行のもと目指してみよう。

島言葉

各集落に残る個性的な言葉の響き

かつて各集落の行き来は舟運で行われており、集落ごとに特色ある方言が保たれてきた。種子島方言に近い島南部、口永良部島と交流があった北部の永田など各方面の影響を受けている。現在は高齢者層に限られてきたものの、屋久島方言を幅広くご紹介！

東

番付	意味	方言
横綱	ありがとう	あいがと
大関	暑い	ぬっか
大関	寒い	さんか
大関	食べなさい	かまんか
関脇	おいしい	うんまか
小結	飲み会	のんかた
小結	魚釣り	いぼつい
前頭	汚い	きっさなか
前頭	驚いた	わざいか
前頭	誰も	だいも
前頭	がんばれ	はめつけ
前頭	役に立たない	やっせん
前頭	そんなことない	じゃーちか
前頭	きれい	きろか
前頭	腹が立つ	腹かいた
前頭	散らかっている	ちんがら
前頭	非常に	わざいか
前頭	かわいそう	ぐらしか
前頭	あらら	てってって
前頭	頭	ビンタ
前頭	顔	リア
前頭	遊ぼうか	あんぼや

西

番付	意味	方言
横綱	ようこそ	おじゃんせ
大関	あなた	わあ
大関	わたし	おい
大関	疲れた	だれた
関脇	怒られる	がられる
小結	叫ぶ	おらぶ
小結	かわいい	むぞか
前頭	魚釣り	いぼつい
前頭	文句	ぎ
前頭	嘘つき	えわひー
前頭	すごい	すったい
前頭	当てにならない	ほがなか
前頭	あらら	あよー
前頭	かわいそう	ごわしか
前頭	忙しい	すばとう
前頭	馬鹿者	あぶちん
前頭	恥ずかしい	しょーしか
前頭	飲みましょう	飲まんきょ
前頭	～するよ	～すっど
前頭	汁茶碗	スイゴーキ
前頭	飯茶碗	メシゴーキ
前頭	しゃもじ	メシゲー

voice
1967年に島を一周する道路が作られるまで各里への行き来は容易ではなかった。集落ごとに大きな方言の違いがあったため、1950年代頃に屋久島高校へ通っていた方によると、方言を聞くだけでどこの集落出身か見分けられたそう。

旅行前に読んでおきたい

屋久島本セレクション

屋久島が舞台になった作品や、島の人の声をまとめた本をピックアップ。世界に誇る自然はもちろん、物語や詩集、エッセイや旅雑誌などバラエティ豊かなラインアップで屋久島を知りつくそう。

小説

『浮雲』
林 芙美子 著
新潮文庫刊　693円
放浪作家・林芙美子の代表作。主人公・ゆき子と農林研究所員・富岡の道ならぬ恋が描かれ、物語の終盤に舞台を屋久島に移す。

詩

『火を焚きなさい』
山尾 三省 著／早川 ユミ 解説／nakaban 漫画
野草社　1980円
家族とともに屋久島に移住した詩人・山尾三省の詩集。耕し、詩作し、祈る暮らしを続けた詩人の言葉を集めた一冊。

エッセイ

『屋久島発、晴耕雨読』
長井 三郎 著
野草社　1980円
民宿・晴耕雨読（→ P.87）を営む著者が、島で生きることの楽しさや先人の知恵が生きる島の暮らしを綴ったエッセイ集。

エッセイ

『島に棲む』
貴船 庄仁 著
南方新社　1980円
2015年の口永良部島・新岳の噴火を経験した著者が、島の自然や暮らし、全島避難から完全帰島についてを語るエッセイ。

エッセイ

『ひかりのあめふるしま屋久島』
田口 ランディ 著
幻冬舎文庫　586円
ベストセラー作家による旅エッセイ。屋久島の美しい自然や人々との不思議な出会いによって運命が激変した著者の物語。

絵本

『おかえり、ウミガメ』
高久 至 著
アリス館　1540円
命がけで産卵する母ウミガメや生後すぐ海を目指す子ウミガメたちの、ずっと繰り返されてきた命の物語を写真と文で描く。

ノンフィクション

『南洋のソングライン』
大石 始 著
Kilty BOOKS　2640円
屋久島に古くから伝わる民謡「まつばんだ」のルーツを探る、3年がかりのフィールドワークをまとめたノンフィクション本。

文化

『屋久島の民俗ガイド』
公益財団法人屋久島環境文化財団 著
南方新社　1100円
年間行事や民俗信仰、島の日常生活や仕事、食についてなどさまざまなテーマで島の習わしをまとめた一冊。

ガイド

『Hello! 屋久島』
高田 みかこ 著
アノニマ・スタジオ　1760円
一湊珈琲焙煎所（→ P.84）を営む著者がおすすめする、厳選スポット＆ショップガイド。地元目線で旅の組み立てがかなう。

雑誌

『SAUNTER Magazine』
国本 真治 編
kilty BOOKS　※定価は各号によって異なる
旅のドキュメントマガジン。テーマに沿った旅の記録やゲストによる寄稿文を掲載。年1回、毎年9月に発行する。

宮崎駿監督と屋久島

映画

屋久島といえば『もののけ姫』を思い浮かべる人も多いだろう。宮崎監督は制作に向けたロケハンのため、屋久島を訪れたという。民宿・水明荘（→ P.75）には監督が残したサイン色紙などが残っている。

白神山地とともに『もののけ姫』の参考にされた白谷雲水峡

voice 宮崎駿監督作品には、屋久島の要素が感じられる作品がほかにも。例えば千尋（せんぴろ）の滝、竜神の滝（→ P.54,55）は『千と千尋の神隠し』の主人公・千尋と、千尋を導く油屋の少年ハクを想起させる。映画を見たあとに旅をすればもっと楽しめるかも。

風景印コレクション

島内８ヵ所の郵便局で用意されている風景印。屋久島の特徴的な風景を集めながら各集落を訪ねてみよう。スタンプが押されたはがきを持って、図柄と同じ景色を探してみるのも楽しいかも。

風景印とは？
各地の風景がデザインされた消印。はがきを購入して郵便局の窓口でお願いすると押してもらえる。

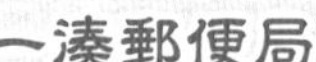

湯泊郵便局

美しい屋久島の山の稜線をバックに、湯泊が誇る湯泊温泉（→ P.53）と特産のビワが実った様子が描かれている。

MAP P.101B3　交 安房港から車で 35 分
住 屋久島町湯泊 458-1　電 0997-48-2260
営 9:00 ～ 17:00　休 土・日・祝

一湊郵便局

一湊海水浴場（→ P.51）を舞台に、伝統的な漁法・サバの一本釣り、一湊矢筈嶽神社（→ P.64）、一湊灯台、矢筈岳が一堂に会する盛りだくさんな風景印。

MAP P.94C1　交 宮之浦港から車で 17 分　住 屋久島町一湊 221
電 0997-44-2132　営 9:00 ～ 17:00　休 土・日・祝

上屋久郵便局

高山地帯に見られるヤクシマシャクナゲと雄々しい永田岳のシルエットが鎮座する。屋久島の自然が凝縮された図柄が印象的。

MAP 折り込み③ B1　交 宮之浦港から車で 3 分　住 屋久島町宮之浦 126
電 0997-42-0042
営 9:00 ～ 17:00、日～ 12:30

安房郵便局

どっしり立派な屋久杉と、二級河川の安房川に架かる松峯大橋がフレームに収まる。半分近いスペースに堂々と描かれた杉の木は迫力満点。

MAP P.88C2
交 安房港から車で 2 分
住 屋久島町安房 187-67
電 0997-46-2072
営 9:00 ～ 17:00
休 土・日・祝

永田郵便局

屋久島第二の高峰・永田岳の下にウミガメの産卵シーンと岸壁に立つ屋久島灯台（→ P.95）が描かれている。

MAP P.94B3　交 宮之浦港から車で 30 分　住 屋久島町永田 1277-2
電 0997-45-2300
営 9:00 ～ 17:00　休 土・日・祝

栗生郵便局

島内で最大規模の水量を誇る大川の滝（→ P.55）をメインに、古くから屋久島で栽培されてきたポンカン・タンカン、ガジュマルの木があしらわれている。

MAP P.101A2　交 安房港から車で 45 分　住 屋久島町栗生 1665
電 0997-48-2300
営 9:00 ～ 17:00　休 土・日・祝

尾之間郵便局

島人が磯で釣りをする風景とともにポンカン、ヤシの木が。奥には頂上から絶景を見渡すモッチョム岳が顔をのぞかせている。

MAP P.97A3　交 安房港から車で 25 分
住 屋久島町尾之間 404-10　電 0997-47-2045
営 9:00 ～ 17:00　休 土・日・祝

小瀬田郵便局

ピラミッド型の秀麗な見栄えが自慢の愛子岳を背景に、女川のほとりにたたずむ屋久杉と屋久島空港、飛行機が並んでいる。

MAP P.82B1　交 屋久島空港から車で 5 分　住 屋久島町小瀬田 11-6
電 0997-43-5300
営 9:00 ～ 17:00　休 土・日・祝

voice 風景印が欲しい旨を伝えると、どの郵便局でもていねいに押印してもらえるのがうれしい。局員さんから観光情報も聞けるなど印をもらう以上の収穫があるかも。風景印は簡易郵便局では取り扱っていないため注意。

出発前にチェックしておきたい！

旅の基本情報

Basic Information

!

屋久島旅行に必要な情報を見やすくまとめました！
島へのアクセスや島内の移動術、旬の食材や宿泊事情など
知っておくと便利なトピックスをご紹介。

旅の基礎知識

巨木の原生林が息づく類まれな自然環境が広がる屋久島。
縄文杉の待つ森へ足を踏み入れる前に、知っておきたい情報をご紹介。

1 まずは屋久島について知ろう

トレッキング目的で来島する人が多いが、里にも魅力がたっぷり。

世界自然遺産・屋久島と緑の火山島・口永良部島

1993年ユネスコの世界自然遺産への登録で脚光を浴びた屋久島。豊富な雨と標高1800m以上の山々が連なる独自の自然環境は多様な動植物の宝庫だ。世界的にもまれな樹齢数千年の屋久杉をはじめ、滝や温泉、ウミガメなど見どころが満載。北西約12km先の口永良部島はユネスコエコパークに認定され、屋久島とはひと味違うダイナミックな自然景観が広がる。

縄文杉と同じく樹齢1000年を超える屋久杉は島に点在している。登山コースは体力や目的に合わせて選ぼう

大自然が生み出した豊かな食材と名水

黒潮の影響により屋久島は日本で最も多くの魚種が生息しているといわれ、なかでもトビウオの水揚げ量は日本一を誇る。1925年にはポンカンの栽培が始まり、現在ではタンカンとともに島の特産品として親しまれている。また、豊かな雨がもたらした名水は焼酎造りにも生かされている。島の恵みを存分に味わいたい。

飲食店は宮之浦と安房に集中。夜まで飲みたいなら徒歩圏内の場所に宿を予約するのが安心だ

雨でも晴れでも楽しい1年中魅力いっぱいの島

年間をとおして暖かいが、標高2000m近くの高低差があるため山頂部と平地で10℃以上もの気温差がある。標高の高い縄文杉に登る際は夏でも防寒着が必要だ。また、平地で東京の約3倍降る“雨の島”でもあり、雨の日には霧に包まれ苔や木々が生きいきと輝く。冬になると登山はオフシーズンとなるが、天然温泉や滝巡り、旬を味わう島グルメは1年中堪能できる。

雨の日には室内で黙々と楽しめるクラフト体験（→P.62）が楽しい。島の自然に触れてみよう

気候も方言も異なる個性豊かな26の集落

屋久島にはほぼ円形の島をぐるりと一周するように24の集落、口永良部島にはふたつの集落がある。川を隔てて方言が異なるといわれるほど独自の文化が育まれ、冬場は北と南で上着1枚分の気温差がある。多くの人々が暮らしていながらも優れた自然景観が残されている点が世界遺産登録時に評価された。

屋久島の人々は集落側の山を「前岳」、奥にそびえる山を「奥岳」と呼び、神々が宿る場所として崇拝してきた

voice< 9月から10月にかけて島は運動会シーズン。それぞれの地区や学校で毎年開催され、集落総出で盛り上がる。そのため当日は臨時休業にする店も多く、事前にHPや電話で確認しておくと安心だ。

PART 2

屋久島、旅のノウハウQ&A

旅行計画を立てる前に、知っておくと役に立つ情報をご紹介！

リバーカヤックで安房川に架かる松峯大橋を一望

Q. ベストシーズンはいつ？

A. オールシーズン魅力たっぷり

３月から本格的な登山シーズンが始まり、夏は水上アクティビティも人気。秋は過ごしやすい気候で登山も快適だ。軽い森歩きや温泉、滝などは１年中楽しめる。旅の目的に合わせて来島シーズンを選ぼう。

Q. 服装の注意点は？

A. 山に登るときには防寒具を忘れずに

１年をとおして温暖で過ごしやすいが、100mごとに約0.6℃気温が低くなるため山へ行く際は夏場でも防寒着を。また年間をとおして雨が多いので雨具は必須。

Q. トレッキングに最適な季節は？

A. １年中楽しめるが冬は積雪に注意

12～２月の間は登山バスが運行せず、縄文杉はオフシーズンに。冬場、標高の高い場所は積雪する場合があるため注意が必要。また人ごみを避けて歩きたい場合には、春秋の連休と７～８月の長期休み以外が◎。

季節を問わず雨が多く平地が晴れでも山中は雨が降ることもしばしば

Q. 海・川遊びはいつまでできる？

A. 水中で遊ぶアクティビティは９月まで

リバーカヤックやSUPは年間をとおして楽しめ、沢登りは６～９月の限定開催が多い。一般的に７月中旬から海開きとなり、９月までが海水浴シーズンとなる。

ダイビングではウミガメに会えることも！

Q. 梅雨・台風のシーズンはいつ？

A. ５月下旬～７月頭、台風は７～10月

７～10月にかけてが台風シーズンで、年間３～４個の台風が接近・上陸する。梅雨時期のトレッキングは天気予報次第で可能だが、雨対策を万全に訪れて。

遊び方のノウハウ

＼準備万全に快適登山！／

Q. ツアーはいつ頃までに予約する？

A. 旅行前に余裕をもって予約しよう

空いていれば前日予約OKの場合もあるが、トレッキングガイドは１ヵ月前までには予約しておくと安心。レンタル用品を希望する場合も予約を忘れずに。

Q. コンビニはあるの？

A. 24時間営業店はない

おおよそ７～９時に開店し夜は20～22時を目途に閉店する。島の北部～北西部、南西部は商店が少ないが、宮之浦や安房は大型スーパーがあり重宝する。

Q. 雨の日は何をする？

A. 室内体験や滝巡りもおすすめ

大雨の日なら室内で楽しめるクラフト体験（→P.62）や博物館がおすすめ。増水の危険がない場合、滝はよりダイナミックな姿を見せてくれる。

焼酎の工場見学へ参加&試飲をしておみやげ探しも楽しい（→P.70）

voice＜ シーズンを外した冬に訪れるのもおすすめ。トレッキングは積雪次第になるが、観光客も少なくゆったりとした旅ができる。尾之間周辺の南側は島で最も温暖なエリアのため、冬季の宿泊場所としてもぴったり。

お金のノウハウ

Q. 旅の予算はどれくらい？

A. 宿やガイドの有無によりさまざま

リゾートホテルから民宿まで揃い、登山ガイド（→P.47）もさまざま。交通手段もフェリー・高速船・飛行機で大きく変動する。予算に応じてプランを立てよう。

Q. クレジットカードや電子マネーは使える？

A. 一部を除き多くの店で利用可能

ホテルやみやげ店、スーパーなど使用できる店は多い。一部の店は現金払いのみもあるため、現金は多めに持っていくのが理想。登山協力金は現金のみのため注意。

Q. ATM は充実している？

A. 地方銀行、ゆうちょ銀行が点在

コンビニはなく各集落に点在する郵便局（→ P.116）、南日本銀行（宮之浦・安房）、鹿児島銀行（宮之浦・安房）、JA バンク（宮之浦、尾之間）を利用しよう。

おみやげのノウハウ

Q. どんなおみやげがある？

A. 海&山の幸から屋久杉工芸品まで多彩

名産のトビウオやサバを使った海鮮加工品のほか、フルーツが主役のおみやげも豊富。石鹸やポプリ、一輪挿しなど気軽に購入できる屋久杉製品も手に入れたい。

平内～栗生間の道路脇にひっそりと出店する無人販売所で、手作りフルーツゼリーをゲット

Q. おみやげはどこで買う？

A. まとめ買いは港や空港近くの大型店で

観光客が多く集まる港や空港周辺には大型のおみやげ処が多く、まとめ買いにも便利。お茶や焼酎などは工場併設の店で買うのもおすすめ。

食事のノウハウ

Q. 飲食店は予約が必要？

A. 人気店は予約がベター

海の幸を大満喫！

特に夜は予約のみで満席になる店もあるため、営業確認がてら予約しておくと安心だ。当日入店の場合でも、1名だとすんなり入れる確率が高い。

Q. アクティビティ参加時のランチは？

A. 早朝出発時は必ず準備して

大満足のおにぎりランチ♪

早朝4時台出発の縄文杉の場合は前日までに自分で予約または購入することを忘れずに（→ P.25）。宿やガイドで準備してくれる場合もあるので聞いてみよう。

Q. 飲食店の多いエリアはどこ？

A. 港がある宮之浦と安房に集中

宮之浦と安房エリアは宿も充実しており、徒歩圏内で移動でき便利。タクシーはほとんどつかまらないため、車がない場合には帰宅手段の確保も忘れずに。

ネットワークのノウハウ

Q. Wi-Fi は通じる？

A. 徐々に拡大しており、一部登山道では電波も通じる

Wi-Fi 対応の宿や飲食店は多く、宿泊先が決まっている場合は事前に HP などで確認しておこう。また一部の登山道では電波が通じる場所もある。山中に電波塔はないため基本的に海側が通じやすい。

縄文杉デッキでは電波が通じるが、登山中は電力の消費を抑えるため機内モードがベター

voice< 無人販売所はおもに安房から南の地域に多く点在している。店では見かけない珍しい食品をお手頃価格で販売しており、思わぬ出会いがあるかも。ドライブ中に気になる看板を見かけたらのぞいてみよう。

交通のノウハウ

Q. 移動手段はどれがベスト？

A. 車での移動が便利！

屋久島は北から南まで島をぐるりと囲むように道路が一周している。ほぼ島を網羅しているバスで移動することも可能だが本数が少なく、計画的な行動が必要。限られた旅程で効率よく島を回りたいなら、断然車がおすすめ。

路線バスは永田から終点の大川の滝まで巡回。主要観光名所にアクセス可能

宿泊のノウハウ

Q. 宿はいつ頃までに予約する？

A. 早めの予約がベター

特に長期休みや連休シーズンはすぐに満室になる可能性が高い。秋は団体旅行客も多いため、宿は早めに確保しよう。

Q. 宿泊エリアはどう決める？

A. 登山口によってエリアを変えよう

旅の目的がトレッキングならば、移動時間を左右する宿の場所は重要なポイント。縄文杉やヤクスギランドは安房、白谷雲水峡なら宮之浦が一番近い。

PART 3 気になる旬の食材が知りたい！

屋久島の豊かな自然で育つ旬の味。収穫時期とおいしくいただける季節をご紹介！

屋久島の食材

トビウオ

旬：3～5月

漁獲量約7割と日本一を誇るトビウオは刺身、から揚げ、すり身など食べ方もさまざま。年間約10種類が水揚げされる。

サバ

旬：11～3月

首折れサバは、鮮度を保つために血抜きしたサバのこと。鮮度抜群の歯応えのある食感は島でしか食べられない味！

ポンカン・タンカン

旬：11～1月(ポンカン)

旬：2～4月(タンカン)

亜熱帯の温暖な気候で育ち、糖度が高くジューシーな味わい。ジュースなど加工品も多彩。

ヤクシカ

旬：通年

高タンパク低脂質でヘルシーなヤクシカのお肉。ステーキや焼肉、竜田揚げなどさまざまな調理法で味わってみて。

旬の食材カレンダー

最もおいしい旬　漁獲のある月　収穫のある月

	食材	1	2	3	4	5	6	7	8	9	10	11	12
海産物	トビウオ	漁獲	漁獲	最もおいしい旬	最もおいしい旬	最もおいしい旬	漁獲	漁獲	漁獲	漁獲	漁獲	漁獲	漁獲
	サバ	最もおいしい旬	最もおいしい旬	最もおいしい旬	漁獲	漁獲	漁獲	漁獲	漁獲	漁獲	漁獲	最もおいしい旬	最もおいしい旬
	アオリイカ	漁獲	漁獲	最もおいしい旬	最もおいしい旬	最もおいしい旬						漁獲	漁獲
	アサヒガニ	漁獲	漁獲	漁獲								漁獲	漁獲
農産物	ポンカン	収穫										収穫	収穫
	タンカン		収穫	収穫	収穫								
	パッションフルーツ						収穫	収穫	収穫				
	お茶			最もおいしい旬	最もおいしい旬	収穫	収穫	収穫	収穫				
	大名竹			収穫	収穫	収穫							

voice
島を一周する県道はきちんと整備されており道幅も広く運転しやすい。しかし登山道までの道のりは、カーブがきつかったり見通しが悪かったりする箇所が多い。カーブミラーで対向車を確認しながら慎重に運転しよう。酔いやすい人は酔い止めも忘れずに。

屋久島へのアクセス

屋久島へのアクセスは飛行機と船の２種類。
船の場合にはフェリーと高速船があり、予算や予定に合わせて選んでみよう。

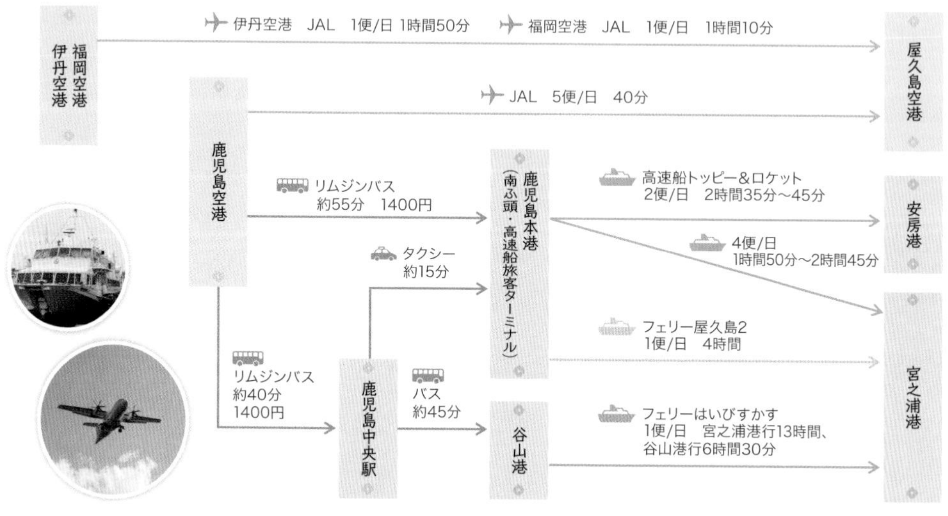

鹿児島空港から飛行機でアクセス 伊丹・福岡空港からは直行便も

飛行機を使えば屋久島まで最短ルートでアクセス可能！　悪天候時の欠便には注意しよう。

高速船やフェリーよりも値は張るが、移動時間を節約して楽に行きたいという人におすすめ。伊丹・福岡空港からは直行便が出ており、LCCで格安航空券を利用すれば鹿児島経由よりもお得に移動できる場合もある。時期によって価格が変動するため、ベストなタイミングで買えるようにチェックしておこう。伊丹・福岡発は１日１便で座席数も少ないため、早めの予約を忘れずに。

日本航空（JAL）／日本エアコミューター（JAC）
電 0570-025-071　URL www.jac.co.jp

悪天候時の欠便に注意

飛行機・船ともに７～10月にかけての台風シーズンや悪天候時には欠便する場合がある。飛行機は一度飛んでも着陸ができずに引き返すこともしばしば。個人旅行の場合は、欠便や欠航が確定したら各自で返金手続きを行い、ほかの移動手段を確保する必要がある。各会社のウェブサイトで運航状況をこまめにチェックすることが大切だ。

屋久島空港

海に面した場所に立ち、屋久島の空の玄関口として多くの観光客が利用する。屋久島名物が味わえるレストランやおみやげ処を併設しており、飛行機を利用する際の立ち寄りに便利。

MAP P.82C2
住 屋久島町小瀬田 501
電 0570-025-071（JAL）

右／名産のトビウオを使った料理などもいただける　下／空港周辺には観光案内所があり、到着時に情報収集もできる

voice　欠航理由は波、風、視界不良などそれぞれ異なるため、もし飛行機が欠航してしまった場合でも高速船は運航しているというケースも多い。どちらかの欠航が決まると一方に乗客が集中するため、万一に備えさまざまな移動方法を想定しておこう。

鹿児島から高速船・フェリーでアクセス

船で行く場合には高速船が1日6便、フェリーが計2便、鹿児島から発着している。

最短1時間50分で快適にアクセス！

高速船で屋久島へ

鹿児島・指宿〜屋久島・種子島間を結ぶ高速船。宮之浦港着に加え、高速船に限り安房港着便もあるため注意が必要。1日6便のダイヤは季節によって変わるためウェブサイトから確認を。チケットは2ヵ月前から前日までウェブサイトから予約できる。当日は出航60分前まで電話予約も可能だ。運航の最終決定は出港の1時間前にウェブサイトで案内が出るためチェックを忘れずに。

高速船トッピー&ロケット
電 0570-004015（予約受付9:00〜17:30、土・日・祝〜17:00）
URL www.tykousoku.jp
料 大人片道1万2200円

「トッピー」の船名は屋久島名産のトビウオが由来

鹿児島本港までのアクセス

高速船とフェリー屋久島2が発着する鹿児島本港南ふ頭。鹿児島空港から直通のリムジンバスもあるが本数が少ない。そのため鹿児島中央駅か天文館前で下車しバスやタクシーを使うのも◎。天文館からは徒歩15分。

ターミナル内にはおみやげを扱う店がある

旅情感じる船旅をゆっくり満喫♪

フェリーで屋久島へ

フェリーは2種類ある。飛行機や高速船と比べ時間はかかるものの、そのぶん費用を抑えられる。

フェリー屋久島2

鹿児島から宮之浦港までを約4時間で結ぶ航路。船内は展望室やウミガメコーナーが設けられており、名物のうどんを食べながらのんびり船旅を楽しめる。

電 099-226-0731（予約受付9:00〜17:00）
URL ferryyakusima2.com
料 大人片道（2等）往路6000円 復路5500円

鹿児島本港発	宮之浦着
8:30	12:30
宮之浦発	鹿児島本港着
13:30	17:40

フェリーはいびすかす

夜に鹿児島を出発し、種子島を経由して早朝に宮之浦港へ到着する。格安なうえに朝7時に屋久島に到着できるため、時間を有効活用できるのもポイント。

電 099-261-7000（予約受付9:00〜17:30）
URL www.yakushimaferry.com 料 大人片道(2等)3900円

谷山港までのアクセス

発着港となる谷山港までは鹿児島中央駅や天文館など鹿児島市内からの接続バスが出ている。タクシーの場合、鹿児島中央駅から約20分。

谷山港発	宮之浦着
18:00	翌7:00
宮之浦発	谷山港着
8:10	14:40

※鹿児島発の日曜、種子島・屋久島発の月曜は毎週運休

voice< 高速船トッピー&ロケットとフェリー屋久島2の出発港である鹿児島本港周辺にコンビニなどはなく、高速船内に設置されているのも自動販売機のみ。軽食が必要な場合はその前の空港や鹿児島駅で買っておくのが安心だ。

屋久島島内の移動術

ほぼ円形の島を囲むように県道が走り、約３時間で島内を一周できる。
基本はレンタカーだが、バスも島内のほぼ全域をカバーしている。

主要エリア間の距離と時間

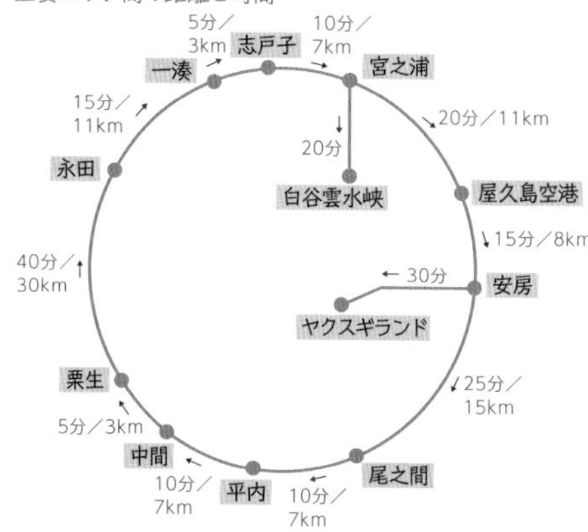

海や山を眺めながら
絶景ドライブ

レンタカー

効率よく島内を回るにはレンタカーがおすすめだが、台数が少ないため特にハイシーズンは早めの予約が肝心だ。使用後はガソリンスタンドで給油後に満タン証明書をもらい、営業時間内に営業所へ返却するのが基本。送迎や配車、乗り捨てサービスを行っている会社もあるので、プランに合わせて選ぼう。

まつばんだレンタカー

島の路線バスとレンタカーも運営。宮之浦港か空港のいずれかで貸し出し＆返却が可能。

島の中心地・宮之浦港のすぐそば

住 屋久島町宮之浦797-1（屋久島ふるさと市場内）、屋久島町小瀬田815-23
電 0997-43-5000　営 9:00 ～ 18:00

	電話番号	営業所エリア
安房しんじやまレンタカー	090-4341-6632	安房
オリックスレンタカー	0997-43-5888	小瀬田
スズキレンタリース屋久島	0997-42-1772	宮之浦
デスティーノレンタカー屋久島	0997-42-1100	宮之浦
トヨタレンタカー鹿児島	0997-43-5180	小瀬田
	0997-42-2000	宮之浦
ニッポンレンタカー	0997-49-4189	小瀬田
屋久島空港レンタカー NAVI	0997-43-5068	小瀬田

タクシー

基本的に予約制で流しのタクシーはほぼないと考えてよい。急な配車はできない場合が多いため、特にバスも走らない夜間は移動手段をきちんと確保しておこう。登山口までの行き来のために利用することも可能だが、予約時に下山予定時刻やルートをきちんと伝えておくことが必要。

	電話番号	営業所エリア
安房タクシー	0997-46-2311	安房
まつばんだ交通タクシー	0997-43-5555	宮之浦・空港・安房
屋久島交通タクシー	0997-42-0611	宮之浦
	0997-46-2321	安房
	0997-47-2018	尾之間

レンタサイクル

小回りが利き島内を気ままに散策できるレンタサイクルは３エリアで貸し出しが可能。カフェやおみやげ処などを目指し、空き時間などで町を散策するのも楽しい。エリア間の移動に使いたい場合、島内の道はアップダウンが激しいため長距離走行に対応したタイプを選ぼう。

	電話番号	営業所エリア
YOU SHOP 南国	0997-42-3155	宮之浦
	0997-46-2705	安房
屋久島サウスビレッジ	0997-47-3751	平内

voice 想定していたより各エリア間の移動に時間がかかったという旅行者が多い。例えば、宮之浦～安房間を往復するだけでも所要１時間以上。エリア間の移動は県道のみなので、特に朝や夕方時は混み合う場合もある。移動時間には余裕をもって。

路線バス

レンタカーを使わずに島内を巡りたいときに最適な移動手段。
おおよその路線図を把握すれば、移動時やトレッキングに役立つこと間違いなし！

西部林道を除き、島をほぼ一周する主要路線と各登山口へのアクセスに便利な3路線が走る。早朝の縄文杉登山へ行く際も、バスで行き帰り問題なく利用可能。ただし本数は少ないためHPで必ず時刻表をチェックしよう。

バスのルール
一部のICカードを除き、基本的には現金払いで千円札以外の両替は不可。停留所標識が片側車線のみのバス停もあるため注意。

まつばんだ交通
電 0997-43-5000
URL yakushima.co.jp

種子島・屋久島交通
電 0997-46-2221
URL www.iwasaki-corp.com

路線図とおもな停留所

主要路線

北西の永田から港や空港など主要スポットを走り、西部林道手前の大川の滝までをカバー。宮之浦方面から屋久杉自然館までの早朝便を各社1便ずつ、尾之間方面からも1便運行しており、縄文杉登山時にも便利。

おもな区間の料金

	栗生橋	平内海中温泉	尾之間	安房港	空港	宮之浦港	一湊	永田
一湊								530
宮之浦港							530	940
空港						590	980	1320
安房港					460	930	1270	1590
尾之間				660	1030	1410	1720	2050
平内海中温泉			500	1020	1340	1710	2030	2330
栗生橋		500	880	1340	1650	2010	2310	2590
大川の滝	230	630	1000	1440	1740	2100		

白谷雲水峡路線

宮之浦港を出発し白谷雲水峡登山口までを結ぶ。安房方面から乗り換える場合には、小原町停留所で乗り換えが必要。

おもな区間の料金

	小原町	宮之浦	宮之浦港
白谷雲水峡	500	530	560

ヤクスギランド路線

安房の合庁前からヤクスギランド入口、終点・紀元杉へと向かう路線。淀川登山口までは紀元杉停留所が最も近く徒歩40分で到着。

おもな区間の料金

		屋久杉自然館	安房・安房港	合庁前
	ヤクスギランド	730	750	770
紀元杉	320	940	960	990

荒川登山口路線

3〜11月まで期間限定で屋久杉自然館〜荒川登山口間を結ぶ登山バス。チケットは事前に購入しておくのがおすすめ（→P.38）。

登山口へ早朝に出発する

観光バス

まつばんだ交通が運営する観光周遊バスは全3つのコースを用意。西部林道や紀元杉、千尋の滝など見どころを1日で効率よく巡るには最適。

料 Aコース(昼食付き)5500円〜、Bコース4000円〜、Cコース3000円〜

voice 荒川登山バスを除き、種子島・屋久島交通ではお得なバス乗り放題のチケットも販売する（1日券2000円、2日3000円、3日3000円、4日4000円）。バス車内では販売しておらず、観光案内所や一部ホテルで購入が可能。

屋久島の観光案内所 活用術

屋久島で安全な登山&充実した旅プランを立てるなら、現地のプロフェッショナルの力を借りるのも◎。島の情報がリアルタイムで手に入る。

活用術◇1

パンフレット&地図をゲット

各観光案内所では観光パンフレットを無料で配布。各エリアの詳細なMAPや宿泊案内、バス路線図など島の全体像を把握することができるため、旅のはじめに立ち寄りたい。

デジタルパンフレットも閲覧できる
URL www.town.yakushima.kagoshima.jp/pamphlet/

活用術◇2

トレッキングの情報もチェック

縄文杉登山口までのバスチケットや携帯トイレなどが購入できる。登山道の状況や当日の天候など、現地ならではの耳より情報を教えてくれる。

トイレの数が少ない登山道では、携帯トイレがいざというとき安心

宮之浦観光案内所

宮之浦港のすぐそばにあり、屋久島環境文化村センター（→P.83）併設。センター内の展示と一緒に立ち寄って。

MAP 折り込み③B1 交 宮之浦港から徒歩5分 住 屋久島町宮之浦823-1（屋久島環境文化村センター内） 電 0997-42-1019 営 9:00～17:00 休 月（祝日の場合は翌日）、GW、7月20日～8月31日までは無休

空港前観光案内所

空港利用者が立ち寄りやすい立地。ほか2ヵ所と比べこぢんまりとしているが、ていねいに島内観光の相談にのってくれる。

MAP P.82C2 交 屋久島空港からすぐ 住 屋久島町小瀬田310-1 電 0997-49-4010 営 9:00～18:00 休 無休

安房観光案内所

縄文杉登山口から最も近い安房集落に立ち、県道沿いの大きな看板が目印。登山MAPも事前に手に入る。

MAP P.88C2 交 安房港から徒歩11分 住 屋久島町安房187-1（屋久島町総合センター内） 電 0997-46-2333 営 8:30～18:00 休 無休

おもな宿泊リスト

安房エリア

紫水館 住 屋久島町安房36 電 0997-46-2018 料 素3000円

素泊民宿 里町 住 屋久島町安房3 電 0997-46-3249 料 朝3500円

旅館かもめ荘 住 屋久島町安房69 電 0997-46-2544 料 朝夕7500円

民宿 杉の里 住 屋久島町安房2402-220 電 0997-46-2919 料 朝夕7000円

大ちゃんハウス 住 屋久島町安房2534-54 電 0997-46-3565 料 素3150円～

口永良部島

冨田 MAP 折り込み⑥B2 住 屋久島町口永良部島368 電 0997-49-2080 料 朝夕8250円

山波見 MAP 折り込み⑥B2 住 屋久島町口永良部島85 電 0997-49-2988 料 朝夕9000円

DIVERS HOUSE SeaKISS G-BASE MAP 折り込み⑥B1 住 屋久島町口永良部島513 電 0997-49-2170 料 素6000円

民宿番屋 MAP 折り込み⑥D2 住 屋久島町口永良部島1465 電 0997-49-2202 料 朝夕8250円

民宿くちのえらぶ MAP 折り込み⑤C1 住 屋久島町口永良部島1698-92 電 0997-49-2213 料 朝夕8000円

民宿恵文 MAP 折り込み⑤D2 住 屋久島町口永良部島1736 電 090-5742-1563 料 朝夕5000円

宮之浦エリア

民宿アース山口 住 屋久島町宮之浦184-2 電 0997-42-0222 料 素3800円～

民宿ふれんど 住 屋久島町宮之浦186-2 電 080-1711-6468 料 素3300円～

民宿 やくすぎ荘 住 屋久島町宮之浦2373-2 電 0997-42-0023 料 朝夕7700円～

民宿いわかわ 住 屋久島町宮之浦203-7 電 0997-42-0747 料 1名素3600円～（本館・別館）、3950円～（新館）

民宿海☆星Ⅰ 住 屋久島町宮之浦378-5 電 0997-42-2145 料 素4500円～

民宿たけすぎ 住 屋久島町宮之浦810-1 電 0997-42-0668 料 朝夕7770円～

コテージ屋久杉の家 住 屋久島町宮之浦2478-74 電 090-8910-8940 料 素7000円～

仙の家 住 屋久島町宮之浦2567-2 電 0997-42-1006 料 素5500円～

旅荘 美山 住 屋久島町宮之浦2485-27 電 0997-42-0857 料 朝夕8500円～

民宿 やくしま 住 屋久島町宮之浦2450-86 電 0997-42-2800 料 朝夕7700円～

ペンション シーフォレスト 住 屋久島町宮之浦2450-61 電 0997-42-0809 料 朝夕8800円～

民宿 まんてん 住 屋久島町宮之浦1233-25 電 0997-49-1180 料 朝夕8250円～

voice 「民宿恵文」は口永良部島の湯向集落にある宿。宿の主人は"ヨットマン"と呼ばれ親しまれ、ヨットマンが取ってきた島名産のイセエビが夕食に並ぶことも。湯向温泉のすぐそばにあり、釣りや温泉を気ままに楽しむにはうってつけの宿だ。

索　引

観る・遊ぶ

食べる・飲む

買う

泊まる

地球の歩き方
島旅 23

屋久島 YAKUSHIMA

STAFF

Producer	斉藤麻理
Editors & Writers	ART LOVE MUSIC 渡辺菜々子、小林優、水野千尋
Photographer	和氣 淳
Photo	iStock、PIXTA
Designer	坂部陽子（エメ龍夢）
Maps	千住大輔（アルト・ディークラフト）
Proofreading	ひらたちやこ
Printing Direction	中山和宜

Special Thanks　屋久島町、屋久島観光協会、環境省屋久島世界遺産センター、公益財団法人屋久島環境文化財団、西川高司、神崎真貴雄、皆川直信、本間詩織

地球の歩き方 島旅 23　屋久島 YAKUSHIMA
2024 年 3 月 26 日　初版第 1 刷発行

著作編集	地球の歩き方編集室
発行人	新井邦弘
編集人	由良暁世
発行所	株式会社地球の歩き方 〒 141-8425　東京都品川区西五反田 2-11-8
発売元	株式会社Gakken 〒 141-8416　東京都品川区西五反田 2-11-8
印刷製本	株式会社ダイヤモンド・グラフィック社

※本書は基本的に 2023 年 10 月の取材データに基づいて作られています。
発行後に料金、営業時間、定休日などが変更になる場合がありますのでご了承ください。
更新・訂正情報 ▸ https://www.arukikata.co.jp/travel-support/

本書の内容について、ご意見・ご感想はこちらまで
〒 141-8425　東京都品川区西五反田 2-11-8
株式会社地球の歩き方
地球の歩き方サービスデスク「島旅　屋久島編」投稿係
URL ▸ https://www.arukikata.co.jp/guidebook/toukou.html
地球の歩き方ホームページ（海外・国内旅行の総合情報）
URL ▸ https://www.arukikata.co.jp/
ガイドブック『地球の歩き方』公式サイト
URL ▸ https://www.arukikata.co.jp/guidebook/

●この本に関する各種お問い合わせ先
・本の内容については、下記サイトのお問い合わせフォームよりお願いします。
URL ▸ https://www.arukikata.co.jp/guidebook/contact.html
・広告については、下記サイトのお問い合わせフォームよりお願いします。
URL ▸ https://www.arukikata.co.jp/ad_contact/
・在庫については　Tel ▸ 03-6431-1250（販売部）
・不良品（乱丁、落丁）については　Tel ▸ 0570-000577
学研業務センター　〒 354-0045　埼玉県入間郡三芳町上富 279-1
・上記以外のお問い合わせは　Tel ▸ 0570-056-710（学研グループ総合案内）

※学研グループの書籍・雑誌についての新刊情報・詳細情報は、下記をご覧ください。
学研出版サイト ▸ https://hon.gakken.jp/
地球の歩き方島旅公式サイト ▸ https://www.arukikata.co.jp/shimatabi/

島旅の思い出やおすすめを教えて！

読者プレゼント

ウェブアンケートにお答えいただいた方のなかから、抽選で毎月1名様に地球の歩き方オリジナルクオカード（500円分）をプレゼントいたします。
詳しくは下記の二次元コードまたはウェブサイトをチェック！

URL
https://www.arukikata.co.jp/guidebook/enq/shimatabi